LES IDÉES POLITIQUES

ALBERT TH

TABLE DES MATIÈRES

V. LE JACOBINISME

VI. LE SOCIALISME

AVERTISSEMENT

La politique, ce sont des idées. Et les courants d'idées politiques, les familles politiques d'esprits, sont loin de coïncider avec les partis officiels et les groupes parlementaires. Il y a là deux systèmes de morcelage assez différents. Cependant les partis et les groupes doivent, dans leurs divisions et leurs articulations, révéler quelque chose de ces familles d'idées, politiques, qui comme eux, sinon avec eux, naissent, meurent, évoluent. Les familles d'idées politiques n'apparaissent à peu près formées qu'après 1815, lorsque quelques données fondamentales, à savoir l'opposition d'une ancienne France et d'une nouvelle, de grands partis contrastés en politique, en religion, en littérature, émergent dans la conscience générale, forment un dialogue animé, suivi, et presque, à l'intérieur de la France, un diminutif d'Europe divisée. Elles ont certes changé depuis cette époque, mais en gardant, le long de ce changement, une ligne intelligible. Leurs figures anciennes demeurent aujourd'hui reconnaissables ; chacune relève d'une tradition qui l'enracine en pleine histoire.

À ces familles d'idées correspondent plus ou moins des systèmes d'intérêts, ceux-ci donnant à celles-là un corps et une matérialité. Mais cette matière et cet esprit ne s'équilibrent pas toujours, et, comme dans les individus, l'esprit peut transcender le corps ou la matérialité commander l'esprit. Quand un parti a réalisé le meilleur de son programme d'idées, il retombe et s'enlise dans des intérêts, une crise s'ouvre pour lui, et son triomphe matériel est, comme la santé pour le médecin, un état précaire qui ne présage rien de bon. Ce fut le cas du « juste-milieu » sous la monarchie de Juillet, quand le libéralisme bourgeois eut donné tout son fruit. Ce serait le cas du communisme prolétarien lui-même, s'il accomplissait sa révolution matérialiste.

Une *Grandeur et Décadence des familles politiques d'esprits en France au XIXe et au XXe siècle* ferait un grand livre. Nous nous bornerons à opérer une coupe sommaire dans le temps présent. Sans doute eût-elle été différente, prise il y a un demi-siècle, et le sera-t-elle encore plus dans cinquante ans. Je crois cependant que les pentes de notre spirituel politique comportent une géographie : si les crues et les sécheresses de leurs cours d'eau dépendent du climat saisonnier, s'ils paraissent tantôt lacs et tantôt filets, ces cours d'eau subsistent, et le visage du pays ne change que lentement.

On distinguerait dans la carte générale actuelle des idées politiques françaises six familles d'esprits, que j'appellerais la famille traditionaliste, la famille libérale, la famille industrialiste, la famille chrétienne sociale, sa famille jacobine, la famille socialiste. En d'autres termes, on discernerait six idéologies politiques françaises, lesquelles s'arrangent tant bien que mal, souvent plus mal que bien, avec des systèmes d'intérêts, et ne coïncident parfois que d'assez loin avec des groupes parlementaires, avec une représentation politique. C'est ainsi que la première n'est représentée au Parlement qu'avec une mauvaise conscience, qu'elle y est un amour (du passe) qui n'ose pas dire son nom, tandis que la dernière puise une partie de sa force, même spirituelle, dans sa puissance et son allure parlementaires. Du Parlement qui siège au Luxembourg et au Palais-Bourbon on pourrait dire à peu près ce que le platonicien Mallarmé dit de l'Académie française : c'est un dieu tombé qui se souvient des cieux. Il représente sous une enveloppe grossière un Parlement des Idées, comme l'Académie représente, par sa forme, le Concile des Lettres françaises. Il y a autour du Parlement comme autour de l'Académie une disponibilité de foi, un crédit, qui font qu'on peut espérer à tout instant que le dieu tombé remontera, que là-bas l'idéologie politique resplendira, qu'ici les lettres pures seront honorées. La pureté du droit n'est pas entamée par la misère du fait. Cette misère du fait elle-même, c'est misère d'un droit dépossédé.

Il y a en somme un Parlement idéologique que nous voyons plus ou moins divise en six travées.

Concevons-le comme un plafond du Parlement réel, un plafond posé là-haut par le peintre immanent au génie de la France. Lamartine parlait avec justesse quand il disait que sa place à la Chambre était le plafond. Il n'y a plus de place de Lamartine. Nous pouvons du moins en repérer le lieu logique ou possible, évoquer, à défaut du plafond vivant du poète, un plafond abstrait du critique.

I. LE TRADITIONALISME

DÉFINITION DU TRADITIONALISME

Le terme de « traditionalisme » est d'origine littéraire et n'a été mis en circulation qu'à la fin du XIXe siècle, par des disciples de Le Play et de Taine, Bourget, Barrès, les critiques de droite. Il n'est jamais pris en mauvaise part. Il se sent mieux qu'il ne se définit. On peut en donner cette définition d'attente : un mode de pensée, une règle d'action, une attitude politique qui tiennent l'imitation et la continuation du passé par un bien, en soi, — qui respectent particulièrement les deux forces de l'ancienne France, la monarchie et l'Église, — qui ne pardonnent pas à la Révolution d'avoir rompu systématiquement avec ce passé, — qui veulent un État en accord et en sympathie avec les forces de conservation, la famille, la fortune acquise, les cadres de l'armée, l'Académie française, les usages mondains, — qui demandent la solution de la question sociale au maintien et à la concorde des classes, au patronage des autorités sociales, à la formation d'une élite par la culture humaniste, — qui sont exposés aux noms injurieux de réactionnaires et de conformistes, et, ce qui est, paraît-il, plus grave, de bien-pensants.

Le terme de réactionnaire appartenant à la polémique, celui de conservateur n'ayant plus cours qu'au Sénat, les étiquettes plus récentes ayant été vite démodées, nous sommes donc obligés ici de demander au monde littéraire un terme assez large et assez significatif pour désigner l'ordre des idées qui sont à droite. Et nous le faisons d'autant plus volontiers que le trait le plus remarquable de la famille traditionaliste, c'est son importance dans le monde qui écrit et sa faiblesse dans le monde politique. Ses frontières sont vagues. Il irait de soi, à un certain point de vue, que tous les catholiques fussent traditionalistes, puisqu'ils se relient à une tradition, et même que la principale différence de l'Église catholique avec les Églises protestantes, c'est qu'elle admet comme source d'autorité, sur un pied d'égalité avec l'Écriture, la tradition : nous avons donc là un véritable archétype de tout traditionalisme. Mais ne considérant les familles spirituelles qu'au seul point de vue politique, nous ne retiendrons l'esprit traditionaliste qu'en tant qu'il s'applique à des idées politiques, et qu'il recherche la liaison du présent politique avec des formes et des conceptions anciennes de la société, du gouvernement, de l'État.

DÉCLASSEMENT POLITIQUE DU TRADITIONALISME

Le traditionalisme monarchiste et clérical (ce dernier terme signifiant contrôle du clergé sur la vie intellectuelle, la vie publique, la vie domestique et la vie scolaire) gardait encore, il y a cinquante ans, une grande part de puissance politique, puisqu'en 1885, aux élections législatives, le premier tour de scrutin lui donnait la majorité relative. Le boulangisme, surtout l'affaire Dreyfus, c'est-à-dire des manques graves de flair et d'intelligence, l'ont réduit peu à peu à une expression politique qui, si l'on en croyait le langage parlementaire, approcherait fort de zéro.

En effet, à la Chambre des Députés, l'extrême droite est représentée par les « indépendants », nom qui désigne aujourd'hui d'anciens royalistes. Or on conviendra que le terme d'indépendant exprime l'idée absolument contraire au système de dépendances qu'implique le traditionalisme. Adroite, après les indépendants, on trouve les « républicains de gauche ». Il n'existe pas plus de « conservateurs » ou de droite officiellement inscrite qu'il n'existe dans l'épicerie de petits pois « gros ». Encore la hiérarchie de ce légume de conserve commence-t-elle aux pois « moyens » et « mi-fins », tandis qu'est banni de la terminologie parlementaire tout vocable intermédiaire, toute épithète modératrice qui risquerait de ralentir la frénésie avec laquelle le vocabulaire de la maison se met, comme Kant, à marcher vers la gauche sinistre. L'épithète péjorative de « moyen » est réservée à l'électeur. Il y a le Français moyen, mais il n'y a pas de député « républicain moyen ». Le terme « modéré », qui s'emploie pour désigner un état d'esprit politique, n'est pas accueilli dans la terminologie officielle des groupes. Il faut une acrobatie d'esprit pour comprendre que le groupe qui est à droite des radicaux ne peut pas s'appeler autrement que gauche radicale. Ce terme de gauche disparaît à partir des radicaux tout court. De sorte que la vraie gauche parlementaire commence à la limite exacte où, pour que l'électeur croie qu'on en est, il devient inutile de lui conter qu'on en est. Il est vrai qu'il n'y a pas de groupe radical tout court, mais le groupe radical-socialiste, précédant les groupes socialiste français, socialiste indépendant, socialiste. On appelle radical-socialiste un parlementaire moins radicalement socialiste qu'un socialiste tout court. De sorte que la même comédie qui se jouait, à droite de la césure, avec le mot gauche, reprend symétriquement à gauche de la césure sur le mot socialiste.

Comédie, guignol parlementaire, c'est bien vite dit, mais c'est pensé encore plus vite. La langue du parlementaire, de l'homme dans l'hémicycle, est après tout aussi spontanée, aussi logique que la langue de l'homme dans la rue. Les modifications de langue suivent les modifications de choses. Mi-gros et mi-fin sont aussi identiques que 2 + 1 et 1 + 2. Mais si le commerce applique aux pois uniquement le terme mi-fin et jamais le terme mi-gros, c'est que le client recherche dans ce produit la finesse, fuit la grosseur, et qu'une demi-finesse lui paraîtra plus fine qu'une demi-grosseur. Le langage du marchand de « petits » pois se meut nécessairement vers le fin, et le plus tôt possible, c'est-à-dire en niant d'abord le non-fin. Si le langage parlementaire se meut pareillement vers la gauche, s'il commence en niant le non-gauche, soit la droite (terme pourtant aussi corrélatif de gauche que gros l'est de fin), cela tient à ce que le Parlement est l'image, le délégué d'un pays politique où l'évolution vers la gauche répond à une sorte de mouvement pur, de racine schématique, où il est entendu qu'on va à gauche, d'une marche irrésistible et nécessaire de glacier, et où le langage politique voit dans l'homme qui dit conservation et arrêt l'homme qui pense marche arrière, le *réactionnaire*.

PSYCHOLOGIE POLITIQUE DE CE DÉCLASSEMENT : LA MARCHE À GAUCHE

Il est probable que la marche vers la gauche s'explique, qu'il y a une cause générale de ce mouvement sinistrogyre. Il remonte aux années qui suivent 1830, quand se forment les deux partis nommés partis de la résistance et parti du mouvement. La résistance apparaît bientôt comme le point de vue des intérêts, ceux de la bourgeoisie, tandis que le mouvement, avec les réformateurs de toutes écoles, avec l'opposition constitutionnelle d'Odilon Barrot, avec le radicalisme de Ledru-Rollin, et surtout, à partir de 1840, avec le prestige de Lamartine, s'identifie avec un parti des idées, ce parti des idées au nom duquel Lamartine, au banquet de Mâcon, déclare la guerre aux « vils intérêts matériels ». Poète et politique, Lamartine était comme l'homme du mouvement pur ; âme même du fluide, il reste dans notre pays politique l'homme-drapeau de la marche à gauche.

> *Marchez ! L'humanité ne vit pas d'une idée.*
> *Elle éteint chaque jour celle qui va guidée.*
> *Elle en allume une autre à l'immortel flambeau.*

Le mouvement est ici le terme positif, par rapport auquel il y a « résistance » et « réaction ». Les réactions n'ont jamais été depuis 1848 que des arrêts momentanés du mouvement, et l'ancien carbonaro Napoléon III lui-même ne présente pas sous une autre figure celle du 2 décembre. Le mouvement porte d'ailleurs un nom religieux, un nom à majuscule : c'est le Progrès. Et le Progrès, ce sont les progrès, ce sont essentiellement deux progrès : le progrès des lumières, pour parler comme le XVIIIᵉ siècle, et le progrès des conditions. L'un et l'autre ont formé et forment encore tout l'élément moteur de l'idéologie républicaine.

Par le progrès des lumières, il faut entendre ceci : l'institution d'enseignement devenue autre chose que l'instruction élémentaire assurée par la loi Guizot, à savoir un instrument de propagande pour des idées et un moyen d'émanciper les esprits. Le grand problème républicain, le point de contact de la mystique et de la politique, sera le problème de l'école : notons même dans l'usage et dans l'opposition de ces termes de mystique et de politique, dont Péguy est l'inventeur, une réaction du grand écolier, du fils du peuple devant ses maîtres, que fut Péguy, une interpellation venue des bancs de bois de la laïque, un acte et une crise de l'école. République des écoliers, République des professeurs, ne revenons pas sur un terrain déjà bêché.

Le progrès des conditions pris pour idée animatrice de la République, cela a été formulé par le théoricien même du progrès, Condorcet, en une phrase connue : la tâche essentielle de l'État consistant dans un effort continuel pour améliorer le sort de la classe la plus nombreuse et la plus pauvre. Les saint-simoniens l'ont repris dans les mêmes termes. On dira que cet effort n'a rien au XIXᵉ siècle de particulièrement républicain, et qu'en général la législation ouvrière de la troisième République n'a fait que suivre, avec du retard, les exemples donnés par l'Angleterre et par l'Allemagne. C'est qu'ici, de la législation ouvrière, de la protection du travail, de l'amélioration pratique des conditions par la sollicitude du gouvernement, toutes choses où les monarchies et les dictatures ne le cèdent en rien aux Républiques, il faut distinguer les idées religieuses du progrès sur terre, du bonheur pour tous de la condition humaine transfigurée, qui sont devenues une sorte de substitut laïque et d'idéal concurrent du catéchisme.

Cet idéal et ce mouvement répondent à un sentiment humain profond, facilement communicable. Le *Marchez* ! des vers de Lamartine pourrait se ramener à un truisme, celui-ci : Dieu, en formant l'humanité de générations qui se renouvellent, et où le fil de l'expérience est constamment rompu, en y éteignant, chaque soir de vie, des yeux dans des tombes, pour en ranimer d'autres au matin triomphant qui suit, lui défend de vivre d'une idée, l'oblige à renouveler ses pensées, avec ses êtres, avec ses peuples, avec ses empires. Réduite au dénominateur électoral, l'idée de Lamartine reviendrait à dire que le progrès se fait par la génération nouvelle, et que les enfants sont à gauche des pères. La fonction même de l'école laïque consiste à maintenir ce *sinistrisme* immanent.

À le maintenir, au contraire de l'école confessionnelle, dont la fonction est de réagir contre lui. Dans cette école, ce n'est pas la déviation des enfants par rapport aux pères, c'est la tradition des pères aux enfants qui représente le bien, et qui sert de gage de durée. Honorer ses parents, afin de vivre longuement sur la terre, n'est pas une promesse faite aux individus, mais aux familles, aux groupes humains, qui durent par la tradition, par la lutte pour la tradition, par le maintien, eût dit Quinton, de leur température originelle. L'école confessionnelle est l'instrument de la tradition, comme l'Église catholique reste en France la catégorie de la tradition. C'est moins pour leur donner la foi que pour les attacher à une tradition, que beaucoup de pères incroyants envoient leurs enfants à l'école confessionnelle.

Il y avait une singulière illusion dans cette réponse de Jules Ferry à un député qui lui demandait quelle morale enseignerait l'école laïque : « Mais elle enseignera la vieille morale de nos pères ! » Ferry mettait sous la catégorie de la tradition ce qui était né et ne pouvait se développer que sous celle du changement. La morale que l'école laïque enseigne n'a pas seulement échappé au contrôle des pères, mais au contrôle de l'État. Elle est aujourd'hui syndicaliste, socialiste et pacifiste. Expression même de la République, elle a évolué avec la République et selon les mêmes rythmes. Comme spirituel de la République, elle est à gauche de la République.

Nous touchons ici au problème du spirituel républicain, ce spirituel dont l'histoire n'a pas encore été faite. La République, qui eut contre elle, pendant toute une génération, l'Église, fut comme obligée, par la lutte anticléricale, de se former une conception du monde moral, de fonder et d'enseigner un spirituel d'État, antitraditionaliste par position. Il y a dans le langage populaire un certain ton, un certain accent mis sur le mot : « la République », et où l'on reconnaît infailliblement cet indéfinissable sens spirituel. Le *Vive la République* ! du temps de l'affaire Dreyfus en aura peut-être été l'expression la plus claire. Il est à remarquer que République s'emploie ou s'employait malaisément dans le sens temporel. Un temporel républicain pur eut bien son système : l'opportunisme, et le gouvernement de la République, lorsque les Intérêts le dirigent, devient, semble-t-il, un temporel pur. Mais il l'est alors avec une conscience craintive. Il se garde de toucher au spirituel, et s'il y touche, il est brisé en dépit des Intérêts. Le groupe délégué particulièrement au spirituel républicain, la Gauche démocratique du Sénat, Faculté de Théologie de la laïcité, veille, et veillent comme lui, derrière lui, de vieilles et d'invincibles phalanges.

La République est un mouvement, et la fonction de l'école laïque est de placer presque automatiquement à gauche de la génération qui s'en va la génération qui vient. L'école est donc la principale ouvrière du mouvement vers la gauche. Chaque fois que la République a lutté pour son principe, elle a fait de la politique scolaire. Il y eut une exception apparente au temps du boulangisme, où les opinions de l'école étaient très divisées, pour et contre le général, et où, dans l'Est au moins, elle était généralement pour lui. C'est que la mystique républicaine, depuis 1871 et Gambetta, était toute patriotique et nationale, avait pour livre-type le *Tour de France par deux enfants*, spiritualité, patriote, préparateur de la revanche. L'année de service militaire des instituteurs à partir de 1889, puis, à partir de 1898, l'affaire Dreyfus, changèrent tout cela : la férule se dressa contre le sabre, le bâton de craie contre le goupillon, le mouvement de l'École contre le traditionalisme national, devenu, sous le nom de nationalisme, plus ou moins antirépublicain. Et une nouvelle phase du spirituel républicain commença, le passage dans d'autres signes du zodiaque : aujourd'hui la constellation de l'École Unique !

Si la tradition a été éliminée de plus en plus de la vie politique, si les étiquettes parlementaires qui attestaient des traditions, comme *conservateur* et *monarchiste*, se sont peu à peu décollées, si la laveur est allée à ce mot de *radical*, qui signifie antitradition, un le doit donc en partie a l'opération lente et régulière du spirituel républicain matérialisé par l'école. L'école pierre angulaire de la République, ce n'est pas un vain mot. Et pourtant la tradition est là, elle coule à pleins bords, et en nous, et autour de nous. Mais elle ne circule plus dans les cadres de la politique, elle a été captée par un autre réseau, elle est entrée dans une autre hydrographie : la littérature. Le quartier général de la tradition, la vie active et inventive des traditions françaises, sont littéraires.

LES LETTRES, QUARTIER GÉNÉRAL DU TRADITIONALISME

Cette vie active et inventive tiendrait, si l'on voulait, entre Chateaubriand et Proust, entre le traditionalisme religieux du *Génie du Christianisme* et le traditionalisme cérémoniel de la *Recherche du temps perdu*, c'est-à-dire entre la mise en valeur, par le génie littéraire, d'un fruit plein et celle d'un fruit creux.

Les lettres ne vivent que par les découvertes et l'originalité de la forme, elles ne sont donc pas, du moins depuis la fin du système classique, traditionnelles, mais elles sont volontiers traditionalistes. Le romantisme issu de Chateaubriand l'était. Le traditionalisme barrésien, le traditionalisme maurrassien, le traditionalisme académique *(magna turba...)* ont exercé ou exercent une influence sur les couches tantôt profondes, tantôt superficielles de l'esprit. Ils comptent puissamment auprès du public qui lit. Ils occupent les positions stratégiques de la presse et de l'édition. Ils ne touchent que peu l'école et la politique.

Les lettres, la presse, les académies, les salons, Paris en somme, vont à droite, par un mouvement d'ensemble, par une poussée intérieure comme celle qui oblige les groupes politiques à se déclarer et à se classer à gauche. S'il n'y a plus de députés dits officiellement de droite, si le mot a disparu du vocabulaire parlementaire (ce qui ne signifie pas, évidemment, que la chose ait disparu de l'hémicycle !), la classification des écrivains en écrivains de droite et écrivains de gauche est courante depuis l'affaire Dreyfus. Et, dans l'état actuel des lettres et du journalisme, le *dextrisme* de façade y est presque aussi normal, ou va presque autant de soi, que le *sinistrisme* verbal au Parlement.

Il y a là un singulier renversement. La Révolution française s'est produite d'abord parce qu'au XVIIIe siècle le monde des lettres avait fait bloc de gauche, avait pesé à gauche, que l'Académie elle-même était devenue une société de pensée antireligieuse, ensuite parce que Paris avait employé sa force, son rôle, sa magie, au triomphe des idées nouvelles. Plus ou moins, les lettres et Paris ont tenu la même fonction au XIXe siècle, ont incarné, prolongé, ramené la Révolution. Or le XXe siècle a vu les lettres et Paris passer en majorité à droite, au moment même où, pour l'ensemble de la France, les idées de droite perdaient définitivement la partie.

Nous ne rechercherons pas ici le détail des causes, des nombreuses petites causes. Disons seulement qu'un équilibre s'est ainsi établi, qui ne va pas sans avantages.

Les idées politiques de gauche l'emportent assez régulièrement aux élections, mais, si l'on considère le nombre des voix, nullement de façon massive. La majorité qui est de gauche est régulière, logique, commandée par les grands rythmes de la vie politique : et cependant elle ne dépasse que de quelques centaines de mille voix la minorité qui peut bien se dire, elle aussi de gauche, mais qui n'en est que peu ou point. En tenant compte du fait que les militaires de carrière ne votent pas, que l'influence de l'Église s'exerce surtout sur les femmes, lesquelles ne sont pas électrices, on peut conclure que le nombre des personnes de droite équilibre au moins celui des personnes de gauche. Or, dans un pays centralisé, formé par une monarchie administrative, la loi des majorités met le mécanisme de l'État, avec les célèbres leviers, entre les mains de gauche. Les idées de gauche gouvernent. Mais il faut que ce gouvernement soit contrôlé. Le pouvoir sans contrôle, a dit Alain, rend fou. Rien n'est plus détestable et pour les gouvernants et pour les gouvernés. Les idées et le personnel de droite exerceront naturellement le contrôle des idées et du personnel de gauche. Seulement la droite étant exclue automatiquement du pouvoir, ou ne pouvant l'occuper que sous un masque, ce contrôle, sous sa forme parlementaire, devient fictif, dégénère en opposition impuissante. Pas de contrôle du pouvoir, en effet, sans pouvoir qui contrôle ; pas de contrôle parlementaire sans la possibilité, pour l'opposition, de prendre le pouvoir à son tour. D'où est donnée, dans le sinistrisme immanent au jeu électoral, une carence du contrôle parlementaire général. C'est à cette carence que supplée la littérature. Les idées de droite, exclues de la politique active, rejetées dans les lettres, s'y cantonnent, y militent, exercent par elles, tout de même, un contrôle, exactement comme les idées de gauche le faisaient, dans les mêmes conditions, au XVIIIe siècle, ou sous les régimes monarchiques du XIXe. Paris reste plus fidèle à son rôle historique qu'il ne le semble. Il était de l'opposition sous les rois. Il reste de l'opposition sous la République. Sous l'œil (droit) de l'opinion et de la presse parisiennes, les départementaux de gauche sont maintenus dans un état de contrôle y gênant, après tout salutaire. Pas assez gênant ni salutaire, peut-être, dira-t-on, si l'on songe à l'énorme pouvoir qui reste au gouvernement sur la presse. Quoiqu'il en soit, il y a là un vieux problème d'équilibre français, qui se résoud empiriquement, et vaille que vaille.

LA RÉACTION

Le lecteur sera peut-être étonné que nous ayons commencé notre chapitre sur le traditionalisme par un exposé qui concernait son contraire, cet antitraditionalisme, ce mouvement vers la gauche, ce sinistrisme immanent de la vie politique française. N'était-ce pas mettre la charrue devant les bœufs que de faire passer l'antitraditionalisme avant le traditionalisme ? Oui certes, si nous avions écrit il y a cent ans, mais non aujourd'hui. Aujourd'hui le traditionalisme est la réaction. Ce nom et la chose qu'il désigne nous obligeaient à faire passer l'action avant la réaction, à dire contre quoi le traditionalisme, qui est la réaction, réagit, ou ne réagit pas.

La réaction est une formation politique (ou une déformation) spéciale à la France ; M. Siegfried dit qu'il est très difficile de faire comprendre le mot à un Anglais, ou à un Américain. Rien de pareil non plus dans les républiques suisses, où les anciennes aristocraties sont entrées généralement (les exceptions sont négligeables) de plain-pied et sans réserve dans le jeu de la démocratie. Quant à la République allemande, il ne semble pas qu'elle doive évoluer ici comme la République française. On définirait en somme la réaction en France comme une résistance d'abord active, puis devenue passive, contre un régime politique qui est né beaucoup moins de la volonté générale que de la carence, de l'absence et des malheurs des anciens régimes. La troisième République n'est pas apparue en France comme un état de droit, mais comme un état de fait, dans un pays qui n'était pas républicain, qui ne l'avait jamais été, et qui le devint peu à peu comme il était devenu orléaniste après 1830, par crainte d'un cléricalisme militant. Ce cléricalisme ne fit rien pour calmer ces craintes, au contraire ! Par Henri V, le spectre dont on avait cru être débarrassé en 1830, l'alliance du trône et de l'autel, réapparut entier, accru, et donna pendant quelques années une figure matérielle, un contenu plein et précis au mot de « réaction ». De ce point de vue on pourra définir la réaction : d'une part la conscience d'un écart entre le droit et le fait du pouvoir, idée d'un malaise, d'un tort, d'une créance, protestation d'un droit et refus d'un fait, résistance naturelle contre un mouvement accidentel ; d'autre part la liaison avec un parti, la fidélité à des traditions non seulement familiales, comme il en existe aussi bien chez les républicains, mais historiques, et cela dans un monde politique où elles se dévalorisent automatiquement, où le mot « conservation » a été rayé du langage des partis, comme, après la révolution de 1830, le costume ecclésiastique avait dû disparaître des rues de Paris. D'un autre point de vue on verra dans la réaction un souvenir et une présence du 2 décembre. L'Empire autoritaire figure le seul gouvernement franchement, longuement et effectivement réactionnaire que la France ait connu au XIXe siècle, la seule expérience de réaction au pouvoir, de réaction qui réussit.

Ajoutons une mystique de l'opposition naturelle et nécessaire des *gros* et des *petits* (on a dit d'abord les blancs, puis les réactionnaires, on dit plutôt aujourd'hui les gros). Et lions nos définitions par l'idée, aujourd'hui bien enracinée, que la République n'est pas une *chose*, mais un *mouvement*, le *mouvement*, une sorte de création continuée (on comprend que le parti radical, qui vit sur cette idée, fournisse son axe à la République). Le seul arrêt de ce mouvement, la République consolidée, réduite à une administration d'intérêts, cela seul, pense obscurément le peuple, détruit la République : la cessation de l'action est réaction, — la réaction. Un conservateur est encore réactionnaire quand il conserve la République telle qu'elle est.

Enfin, dans un pays de peuplement et de régime aussi divers que la France, ne faut-il pas faire intervenir des questions de race, de climat, et même, comme le montrent certaines cartes de M. Siegfried dans le

Tableau politique de la France de l'Ouest, de géologie ? J'ai vu dans la même région, à quelques mois de distance, un congrès de la Fédération catholique et un congrès radical. Il semblait, d'après les têtes, qu'ils fussent ceux de deux races différentes : les premières évoquaient la sculpture sur bois du XIIIe siècle, les portraits du XIVe et du XVe, tandis que les secondes allaient du XVIIIe siècle à Daumier.

Toutes ces figures de la réaction ont alimenté et alimentent la littérature. Ce n'est pas un hasard si le mouvement-type de la *Réaction française* (qui a laissé pour courir plus vite son préfixe au vestiaire) est un mouvement d'écrivains, s'il n'y a eu de littérature politique originale, vivante, pittoresque qu'à droite et même à l'extrême droite. Et, nous l'avons dit, ce n'est pas un mal, puisque le contrôle en bénéficie, et qu'il est bon que la littérature, fortifiée ou non par des clercs, soit dans l'opposition.

On n'en est que plus frappé par le contraste entre cette place du traditionalisme dans les lettres et sa misère politique, son imprévoyance politique, depuis qu'ayant livré une grande bataille, une bataille générale, celle de l'affaire Dreyfus, il l'a perdue. L'affaire Dreyfus a vraiment ôté une direction à la réaction : elle l'a réduite à une émigration à l'intérieur, à une opposition stérile, à une élégante démission politique. L'affaire Dreyfus n'a pas diminué la situation littéraire de ses protagonistes de droite : Barres et Maurras, malgré leur désastre moral et politique, en sont sortis littérairement moins diminués que Zola et France, ces maréchaux de la victoire morale et politique. Mais elle a dégoûté à jamais le pays de toute expérience réactionnaire.

Le jour où nous écrirons un *Politiques et Moralistes au XXe siècle*, qui ferait plus ou moins suite aux trois volumes de Faguet, il nous faudrait consacrer sans doute à Barrès et à Maurras deux des principaux chapitres. Mais, du point de vue des idées politiques actives, actuelles, influentes, à suites et à cadres électoraux et parlementaires, où nous sommes placés ici, ils ont peu d'importance. Barrès est le fondateur et le théoricien du nationalisme français : or, sous la poussée de gauche, le mot a presque contracté le sens péjoratif de réactionnaire, ne paraît plus sur les affiches électorales sinon comme une injure, ainsi que clérical. Et l'*Action française*, avec toute son influence intellectuelle, ne peut faire élire ni un sénateur ni un député, ni même un conseiller municipal de ce Paris où la droite a la majorité. Il y a là, d'ailleurs, un fait européen. On parle couramment, et avec raison, du danger actuel des nationalismes. Malgré ou pour cela, dans aucun pays un parti ne se proclame formellement *nationaliste*. Ce suffixe ne se porte plus. Il y a les républicains nationaux en France, les socialistes nationaux en Allemagne. Quelle étude curieuse on écrirait sur la grandeur et la décadence du terme créé en France par Barrès et son entourage boulangiste !

Le déclassement politique des étiquettes traditionalistes a pu être compensé par la faveur momentanée qu'ont obtenue, dans les partis d'ordre, d'abord, après le combisme, celle du libéralisme, puis après la guerre, un industrialisme nouveau. Passons donc à ces deux systèmes d'idées, qui, aux idées périmées de droite, ont servi plus ou moins de produits de remplacement.

II. LE LIBÉRALISME

TRADITIONALISME ET LIBÉRALISME

L'opposition entre les idées traditionalistes et les idées libérales a été très nette sous la monarchie de Juillet. Elle a passé depuis par des fortunes diverses, elle s'est atténuée au temps de la fusion, et, à l'époque de M. Piou, libéral a été l'un des prénoms parlementaires de la « réaction ». Comme Chateaubriand, de Maistre et Bonald avaient marqué l'âge d'or des idées traditionalistes, les Royer-Collard, les Guizot, les Tocqueville, surtout la famille intellectuelle Staël-Constant-Broglie, toute cette riche dynastie politique de Juillet, ont créé un quartier général du libéralisme. Il faut distinguer le parti libéral et les idées libérales. Il n'y a plus de parti dit officiellement libéral. La dernière forme qu'il ait prise est celle d'une ligne de repli des catholiques après l'affaire Dreyfus. En tant que parti il n'a guère survécu à la Séparation. Mais il y a toujours un problème des idées libérales, un système et un lieu de ces idées.

LE FRANÇAIS EST-IL LIBÉRAL ? LIBÉRALISME ET RELIGION

Faguet a intitulé en 1903 *le Libéralisme* un livre où il déclare ne rencontrer en France le libéralisme nulle part et dans nul parti : « Le Français, dit-il, est homme de parti avant tout, et homme de parti très passionné, et il ne souhaite rien au monde, après le succès de ses affaires particulières, que le triomphe de son parti et l'écrasement des autres. » Faguet passe alors en revue les quatre partis qui en ce temps se partageaient la Chambre, socialistes, radicaux, progressistes, nationalistes (notons ici que, depuis 1903, les deux partis de droite ont été réduits à chercher d'autres étiquettes, tandis que les noms des deux partis de gauche sont bon teint et défient le temps) et il explique qu'un seul est libéral, c'est-à-dire se dit libéral, parce qu'il est dans l'opposition. « Le nationalisme est le seul parti libéral qui existe... Seulement il est composé uniquement, à très peu près, de bonapartistes, de royalistes et de cléricaux. Et, s'ils étaient au pouvoir, leur libéralisme ne ferait pas long feu. » Le très peu qui est près, ce sont quelques républicains, qu'ils disent, dont Faguet, membre de la Ligue de la Patrie française, qui écrit les trois cents pages de son livre sans rappeler un instant qu'en ce temps de l'Affaire, le libéralisme des bonapartistes, des royalistes et des cléricaux était inscrit en ecchymoses à la gorge de la Gueuse, qui se défendit, était réduite à se défendre. Mais les lois de défense républicaine ne sont pas toute la République.

L'heure présente, et les trente dernières années que cette heure a derrière elle, nous permettent-elles de discerner en France ces éléments libéraux, que Faguet y déclarait, après l'Affaire, introuvables et impossibles ? Or voici une remarque importante et curieuse. Dans ce parti national ou nationaliste qui était celui de Faguet, comme il n'y a pas de règle sans exception, il déclare « voir trouvé « quelques royalistes franchement et intelligemment libéraux. J'en connais qui le sont dans une mesure très appréciable. J'en connais qui sont pour la séparation de l'Église et de l'État. Or ce n'est pas mon seul *criterium*, mais c'est un de mes critères. Comme pour le radical, la pierre de touche à connaître le bon, le vrai républicain, c'est l'anticléricalisme : « Êtes-vous anticlérical ? — Oui. — Vous êtes républicain ! » De même une de mes pierres de touche à reconnaître le libéral, c'est le fait d'accepter la séparation de l'Église et de l'État ; aucun républicain n'en veut, ni aucun bonapartiste, ni aucun clérical, ni quasi aucun royaliste. »

Je noterai que Faguet, quand il écrivit ce livre, au début du siècle, venait d'entrer à l'Académie française : ces royalistes libéraux, probablement un, doivent être le comte d'Haussonville, grosse personnalité du quai Conti, favorable à Faguet, et figure d'ailleurs fort sympathique.

Le pluriel s'entend pourtant très bien, car, derrière le comte Othenin, il faut comprendre Coppet, et sa séculaire famille franco-suisse, catholico-protestante, qui est en effet pour nous la maison-mère du libéralisme. On conçoit que la question religieuse, vue du château vaudois des Necker, comporte une idée de la séparation des Églises et de l'État. Et un républicain, un bonapartiste, un clérical, un royaliste traditionnels, auraient fait observer à Faguet que ce libéralisme lui venait par une « échancrure », celle de Genève et de Coppet, alors dénoncée par ce douanier anti-Rousseau du nationalisme, qui s'appelle Maurras.

L'hypothèse d'après laquelle le fait d'accepter la séparation constitue une pierre de touche du libéralisme n'en porte d'ailleurs que mieux. Elle est d'autant plus intelligente, d'autant plus digne du Coppet staëlien, que depuis 1902, et sous les yeux de Faguet lui-même, elle s'est réalisée, que la séparation a été acceptée par le pays, et, après une résistance, par l'Église, et qu'elle a coïncidé en effet avec un progrès du vrai libéralisme. Œuvre de défense républicaine, dogme des radicaux qui l'avaient toujours inscrite dans leur programme (en 1902 il était excessif de dire qu'aucun républicain n'en voulait), la séparation a singulièrement atténué l'anticléricalisme, et c'est elle en grande partie qui a ouvert la voie à un courant libéral.

La séparation a sinon supprimé, tout au moins fort affaibli et le cléricalisme et l'anticléricalisme. En 1892, le libéralisme avait reçu de Spuller le nom d'« esprit nouveau », et jusqu'à l'affaire Dreyfus le temps de Méline peut être compris sous ce titre à la Ramuz : *le Règne de l'Esprit Nouveau*. Esprit nouveau de la part de la République, ralliement, préconisé par Léon XIII, de la part de l'Église, ce climat de libéralisme excluait toute séparation de l'Église et de l'État, laquelle n'était brandie que par les anticléricaux traditionnels, les radicaux, faisait partie du programme de l'*esprit ancien* et de la vieille barbe. L'expérience libérale de l'esprit nouveau échoua, avec l'affaire Dreyfus, non du fait de la République, mais du fait de l'Église, qui, entraînée moins encore par les évoques que par les congrégations enseignantes et les trente mille prêtres abonnés de *la Libre Parole*, ressuscita les temps de la Ligue, et prit place, dans les conditions les plus absurdes, parmi les troupes d'assaut de la dernière bataille des vieux partis contre la République. Dès lors la séparation dut être tout le contraire d'une mesure de libéralisme, tout le contraire de l'esprit de Coppet, elle fut une mesure de défense républicaine, la défense républicaine contre les séculiers, comme les lois contre les congrégations avaient procédé de la défense républicaine contre les réguliers. Les libéraux passèrent un mauvais quart d'heure : la presse de gauche ne les appelait que les libérâtres, et les vacances du libéralisme furent marquées par les excès sectaires du combisme, les expulsions de religieux, la guerre civile des inventaires, la foire d'empoigne des liquidations, tout ce qui excita, sur l'Aventin des dreyfusiens restés libéraux, la verveuse colère des Bernard Lazare et des Péguy.

Et cependant Coppet et Faguet avaient raison. L'esprit nouveau, mort avec l'affaire Dreyfus, est revenu avec la séparation, ou après la séparation. Le libéralisme à la Chambre, ce n'est rien ! Mais la séparation a introduit le libéralisme au village. Elle a éteint le cléricalisme. Qu'est-ce que le cléricalisme ? La solidarité de la puissance publique avec le clerc, et la séparation a rompu entre eux les derniers liens. Elle a pareillement réduit l'anticléricalisme. Le parti radical se trouva fort dépourvu quand la séparation fut venue. Les catholiques gardaient leurs curés. C'étaient les radicaux qui n'avaient plus les leurs, leurs nourritures terrestres. Quand le parti radical tenta de ressusciter la défense laïque, aux élections de 1924, en sonnant la cloche d'alarme contre les congréganistes rentrés pendant la guerre, et en réclamant la dénonciation du Concordat pour l'Alsace, ces fonds de tiroirs combistes et comitards laissèrent la province indifférente, et attirèrent en rafale sur les vainqueurs du 11 mai les quolibets de Paris. L'anticléricalisme, qui émouvait les passions, a fait place à la laïcité, mot de passe ésotérique ou technique, de comité à comité.

Sur cette idée de la séparation de l'Église et de l'État, conçue par Faguet (et par l'éventuel d'Haussonville que j'ai supposé) comme une pierre de touche du libéralisme, on ferait cette autre remarque. C'est par la loi de séparation, dont il fut le rapporteur, que Briand commença à devenir un homme consulaire. Non son rapport, qu'il s'était contenté de signer, mais la discussion qu'il avait menée à la Chambre, firent de ce socialiste nullement sectaire, volontiers accessible aux arguments de la minorité, le représentant de la loi de séparation. Quand elle fut votée, trois ans après *le Libéralisme*, Faguet lui-même écrivait : « Elle est beaucoup plus libérale qu'on n'aurait pu l'attendre de la majorité qui l'a votée, ce qui fait honneur, et à M. Briand lui-même, qui a dû la défendre contre les attaques de ses propres amis, et à M. Ribot... » Bien que la loi, rejetée par Rome, eût momentanément échoué, l'esprit libéral dont Briand s'était, en somme, dans une majorité de combat, fait le représentant, semble avoir marqué sa carrière politique. Quel que soit le jugement qu'on porte sur celle-ci et sur la personnalité de Briand, et bien qu'il appartienne à un monde diamétralement opposé à celui de Coppet, il relèverait donc volontiers de la pierre de touche de Faguet. D'ailleurs, si le libéralisme des d'Haussonville nous vient de l'échancrure de Genève et de Coppet, le libéralisme de Briand a trouvé son dernier chemin dans la même échancrure. Genève, toutes les Genèves, demeurent, pour les adversaires du libéralisme, le point à surveiller.

LE LIBÉRALISME, DOCTRINE D'UNE SOCIÉTÉ DES IDÉES

Il y a en France un courant de libéralisme et d'idées libérales beaucoup plus fort qu'on ne le croit souvent. Le libéralisme est le système d'une société des idées, établie sur des bases de tolérance active et de coopération analogues à celles d'une vraie Société des Nations. Depuis l'époque où écrivait Faguet, tous les partis ont perdu ou atténué leur venin antilibéral. L'Église même est devenue libérale. De l'autre côté il y a plus, si ce n'est chez les instituteurs, anticurés par position, et chez quelques « plus de soixante ans » de la Maçonnerie, d'anticléricalisme militant. Les socialistes font les élections sur la question de la paix, sur un libéralisme intégral entre nations. L'antisémitisme, qui, en 1902, trublionnait à tour de bras et de matraques, a disparu. Les nationalistes s'appellent aujourd'hui républicains nationaux. Ils ont passé du suffixe fort au suffixe faible. L'ultracisme truculent, couleur *Action française*, appartient, disions-nous, à la littérature plus qu'à la politique : sa conservation en parc national importe d'ailleurs aux lettres, à qui les nourritures libérales, un peu trop pâtes et eau claire, risqueraient de ne pas donner les belles couleurs auxquelles elles ont droit.

Reste en somme ceci, qu'en 1932, trente ans après l'année où Faguet consacrait le livre annuel du mois qu'il passait à Dinard à démontrer que la France est un des pays les moins libéraux de l'univers, que le libéralisme n'est pas français, et que lui Faguet n'avait jamais rencontré un Français qui fût libéral, si ce n'est quelques royalistes, la France nous apparaît comme le seul grand pays de l'Europe continentale (je laisse de côté les petits États) où le libéralisme des idées et des mœurs ait survécu. Même au point de vue des institutions, entourée qu'elle est de révolutions et de dictatures, elle demeure sur le continent le seul grand asile des libertés parlementaires, lesquelles sont après tout des libertés, et, au moins en temps de disette, suffisent encore à fonder une liberté générale sortable. C'est ce que l'auteur de ces lignes s'efforçait récemment il expliquer, contre son ami Halévy, à propos de *la Décadence de la Liberté*. Il ne reviendra pas ici sur cette polémique.

LES TROIS FIGURES DU LIBÉRALISME

Il est très remarquable que le libéralisme ait disparu à peu près, et presque en même temps, de toute l'Europe, comme parti politique, comme nuance d'opinion et d'attitude parlementaires. Au Parlement anglais, il est réduit à des îlots désorganisés et précaires, et il ne se comporte pas mieux dans les pays germaniques et scandinaves. Cette classe moyenne de la politique est en voie d'extinction. Les raisons, pour la France, en paraîtront différentes, selon que l'on considérera le libéralisme dans l'un ou l'autre des trois domaines où il avait pris autrefois position : religieux, politique, économique.

Une somme considérable de libéralisme religieux est passée, avons-nous dit, dans les mœurs, avec la séparation de l'Église et de l'État. L'activisme jacobin est d'ailleurs en sommeil, ou en réserve chez les cadres, et, dans le cas d'un réveil que n'aurait pas motivé une agression, l'opinion ne le suivrait pas. On l'a vu en 1924. Il est vrai que la liberté d'enseignement reste exposée au mouvement à longue échéance de l'école unique, actuellement la plus grave menace contre le libéralisme. Le point final des vieilles luttes n'est pas encore certainement bien mis.

Quant au libéralisme politique, c'est-à-dire à la forme et à la nature de liberté politique compatible avec l'État centralisé et la tradition de la monarchie administrative, qui ne sont pas libéraux, une des raisons de son silence, c'est que la République ne lui a presque plus rien laissé à désirer. L'influence électorale des préfets, toute-puissante sous le second Empire, n'a plus qu'une valeur d'appoint. Si l'on demandait quelle est la loi essentielle et utile de la République, celle qui mieux que toute autre a assuré son triomphe et sa durée, il nous faudrait nommer la loi de 1884 sur l'élection des maires, la plus hardiment libérale que le pouvoir central ait jamais donnée aux trente-six mille communes de France. Dans toute la France, sauf à Paris, qui connaît des compensations et qui a cessé de se plaindre, la République est le régime du maire élu. Aucun gouvernement ne s'était dessaisi d'une pareille part de pouvoir électoral et administratif. Les deux banquets des maires, celui de Carnot et celui de Loubet, après le boulangisme et après l'affaire Dreyfus, ont pu être abondamment chansonnés par Montmartre : ils n'en étaient pas moins pour la République ce que la revue de la garde nationale était pour Louis-Philippe ; ils plaçaient le régime au milieu des phalanges qui lui devaient l'être. Évidemment c'est là un libéralisme un peu différent du libéralisme du temps de Tocqueville, à l'anglaise ou à la normande, qui n'allait guère sans le patronage éclairé et bienveillant des tuteurs locaux, était lié à l'influence et solidaire de l'indépendance des notables. Mais enfin, il a réussi, et si le libéralisme politique s'est éteint, c'est un peu faute de cahiers à dresser, de revendications majeures à proclamer, d'abus criants à dénoncer : aux abus murmurants, l'influence des *defensores civitatis* que sont les députés, la presse, apportent des remèdes jugés suffisants. Au temps de la Ruhr, occupation invisible était une formule bien française : car la République a réalisé en France avec un art étonnant le despotisme invisible, donc supportable. Tocqueville l'avait d'ailleurs prévu dans les dernières pages de *la Démocratie en Amérique*.

Le libéralisme politique, traité comme Monsieur Dimanche par Don Juan, se montre satisfait : le citoyen libéral d'aujourd'hui, c'est le *Citoyen contre les pouvoirs*, mais qui traverse entre leurs clous. Il est cependant une troisième forme de libéralisme, à laquelle l'évolution sociale a réservé ses coups les plus durs, et qui est aujourd'hui hors de combat. C'est le libéralisme économique, substrat et raison d'être des autres au temps des Bastiat, des Say, des Leroy-Beaulieu. À l'intérieur les lois sociales, à l'extérieur le protectionnisme, l'ont exterminé. Le rôle d'une Cassandre libérale continue, et par habitude et par discipline, d'être tenu dans les éditoriaux de journaux importants et chez les économistes éminents d'institut. Mais comme inspirateur d'idées politiques, le libéralisme économique a fait place à d'autres conceptions économiques, ou plutôt à l'autre, celle-ci.

III. L'INDUSTRIALISME

INTÉRÊTS ET IDÉES

Nous entendrons par industrialisme le système politique où le point de vue de la politique est subordonné à celui de la production. Et sans doute nous arrêtera-t-on d'abord. Il ne s'agit pas là, nous dira-t-on, d'idées, mais d'intérêts, des Intérêts, en tant que, comme aux temps de Lamartine et Guizot, ils s'opposent aux Idées. L'organisation électorale qui a groupé les chefs de la production s'est appelée, au lendemain de la guerre, les Intérêts Économiques. Ne confondons pas une carte des idées avec une carte des intérêts, qui est tout autre chose, et où les comités industriels devraient être groupés avec les autres systèmes d'intérêts, syndicats ouvriers, confédérations générales du travail ou des vignerons.

C'est juste en principe. Il faut cependant, de notre point de vue, distinguer deux sortes d'intérêts : d'une part ceux qui se présentent à l'état brut, d'autre part ceux qui ont tenté une alliance avec l'intelligence, se sont enveloppés d'un système d'idées. Les associations de commerçants ou de producteurs, même quand elles exercent une influence électorale puissante, n'entendent défendre réellement que des intérêts personnels et collectifs, et (sans attribuer au mot le moindre sens péjoratif, puisque nous en avons tous) alimentaires. Il n'en va pas tout à fait de même des syndicats ouvriers, lesquels ont pu fonctionner, surtout au début du XXe siècle, comme instruments d'éducation de la classe ouvrière. Les théories syndicalistes sont prises dans un mouvement d'idées doctrinales, et, malgré certaines oppositions superficielles, on est en droit d'y voir des modalités de l'idée socialiste, et de les reporter dans le courant plus général des idées socialistes. Les Intérêts généraux et supérieurs de la grande industrie ont tenté, eux, dès l'après-guerre, une entente avec l'intelligence, dont on ne peut dire qu'elle ait puissamment réussi, mais enfin qui existe, et qui est liée à la géographie et à l'histoire de l'industrialisme.

GÉOGRAPHIE ET HISTOIRE DE L'INDUSTRIALISME

Géographie d'abord. L'industrialisme est maintenant un fait planétaire, et les plus importants problèmes planétaires d'aujourd'hui se posent en fonction de la vie industrielle, de la technique et de la production. La flambée économique que la guerre européenne a provoquée en Amérique y a été accompagnée et éclairée d'une théorie concomitante, d'un activisme doctrinal, auquel peut-être le terrain avait été préparé par le pragmatisme. La production étendue et organisée, la mise en valeur des richesses naturelles, les standards, les hauts salaires, les écluses ouvertes à la puissance d'achat, les destinées promises par là à des rois de l'industrie et des affaires, succédant aux empires détruits, aux princes romantiques des lettres et de l'esprit, voilà qui a aimanté dix ans un vaste champ d'idées. Dès le lendemain de la guerre, l'Allemagne se jetait dans les liras de l'Amérique, optant d'ailleurs en masse pour un américanisme théorique, qui lui a apporté les mêmes désillusions qu'à l'Amérique elle-même, mais qui y a laissé des traces profondes. L'exemple le plus saisissant et le plus actuel nous serait fourni par l'U.R.S.S., qui, du communisme absolu de la consommation et de la répartition, est passée à un absolu de la production, à un impératif catégorique du rendement. Enfin toute la civilisation est suspendue aujourd'hui à un problème, peut-être insoluble, d'équilibre entre la production et la consommation.

Nous appelons point de vue géographique cette histoire contemporaine, décadaire, comprise entre 1920 et 1930, parce qu'elle nous oblige à tenir dans le champ de notre vision un espace, celui de la planète entière. Mais l'industrialisme a d'abord une histoire proprement dite, une histoire centenaire, qui remonte au saint-simonisme. Le génie de Saint-Simon avait déclenché, à partir de 1820, sinon à partir des *Lettres d'un habitant de Genève*, qui sont de 1802, un mouvement d'idées autour de ce problème : la force sociale nouvelle, née, à la fin du XVIIIe siècle, de la Révolution industrielle, se développerait-elle et réussirait-elle par le libéralisme économique, celui de Smith et de Say, ou par une organisation de la société, opérée du point de vue des producteurs, l'*industrialisme* ? Évidemment les titres du périodique de 1816, l'*Industrie*, celui du journal de 1819, l'*Organisateur*, celui du *Système des Industriels* de 1821, du *Catéchisme des Industriels* de 1823, de la revue *le Producteur* de 1825, seraient mal compris si on leur donnait un sens exclusivement patronal, puisque d'autre part le saint-simonisme apparaît comme un socialisme, dénonce l'exploitation de l'homme par l'homme, préconise la suppression de l'héritage (je dis le saint-simonisme et non Saint-Simon lui-même) et que l'industriel est pour lui le travailleur de l'industrie, quelles que soient sa partie ou sa fonction. Mais il établit et maintient avec force ces deux idées : que la politique est subordonnée à l'économique, — que l'économie organisée et dirigée de la production constitue le grand intérêt humain. Cependant, quels que soient les rapports étroits de la doctrine de Saint-Simon, Enfantin et Bazard, avec la mystique socialiste, l'influence et le développement du saint-simonisme jusqu'à la fin du XIXe siècle n'ont à peu près aucun caractère ouvrier. Le saint-simonisme fournit un élan et un idéal à l'esprit de la grande industrie et à l'exécution des grands travaux. Les saint-simoniens Pereire gouvernent les entreprises ferroviaires, bancaires et immobilières de la monarchie de Juillet et du second Empire. Le canal de Suez, dont Enfantin et Lambert-Bey allèrent étudier les plans et organiser l'idée à un moment où Ferdinand de Lesseps était consul au Caire, est resté le type de l'entreprise planétaire saint-simonienne. On opposerait volontiers l'entreprise grande-bourgeoise du saint-simonisme, qui est de production et d'action, à l'entreprise petite-bourgeoise du phalanstère fouriériste qui est de consommation et de jouissance. Le saint-simonisme est une mystique de la production et de l'amour de l'humanité. Ce serait donc un contre-sens que de ranger le saint-simonisme sous l'étiquette de ce qu'on appelait au temps de Louis-Philippe les Intérêts. En évoquant ici la tradition saint-simonienne, nous entendons indiquer que l'industria-lisme ne consiste pas nécessairement et uniquement dans un matéria-lisme d'intérêts.

L'INDUSTRIALISME D'APRÈS-GUERRE

La question de ce qu'on pourrait appeler un industrialisme doctrinaire et politique, sinon un néo-saint-simonisme, se posa en France au début de l'après-guerre. Les organes de la production fédérée, les grands comités industriels, qui dirigeaient la réfection de l'outillage, ne se sont pas contentés de jouer, en dehors de leur rôle économique, un rôle politique, ce qui est de tous les temps. Composés en grande partie d'hommes jeunes, cultivés, ils ont tenté, sur une assez grande échelle, une alliance avec l'intelligence, recruté une jeunesse à l'École normale, organisé et contrôlé une presse, fourni des suggestions en vue d'une société des producteurs, des chefs d'entreprise et des professions libérales. Des normaliens comme François-Poncet, des élèves romains de Mgr Duchesne, comme Romier et Serruys, ont tenu dans ce système une place de chefs de file.

Cet industrialisme a trouvé un milieu favorable dans l'industrie de guerre, dans les grandes fortunes qu'elle a rapidement créées, dans les cartels et les groupements qui ont été présents à une partie du traité de Versailles et au partage des dépouilles ennemies, dans les reconstructions en bloc des régions dévastées, dans l'euphorie de production fraîche et joyeuse qui a suivi la victoire. Ses idées sociales n'ont pas manqué de largeur. Vis-à-vis de la législation ouvrière l'industrialisme s'est départi de l'opposition tatillonne des vieux patronats, et il a collaboré (quitte à éprouver des désillusions rapides) à la fondation du Bureau International du Travail, de qui il espérait peut-être plus une fonction de frein qu'un rôle de moteur.

On discerne d'ailleurs sur ce point une pensée et un élan qui vont de mieux en mieux sur la ligne du saint-simonisme. La création du *Bureau International du Travail* est une œuvre profondément saint-simonienne. Dans le langage saint-simonien on pourrait appeler le B.I.T. le *Parlement des Industriels*, de même que la Société des Nations a réalisé sur un plan œcuménique ce *Parlement général* réclamé par Saint-Simon dans le mémoire de 1814 sur la *Réorganisation de la Société européenne*. Mais l'esprit de la Société des Nations, depuis 1920, n'a rien de commun avec celui du saint-simonisme, tandis que les deux animateurs du B.I.T. ont été deux Français non à vrai dire saint-simoniens (il n'y en a plus), mais d'esprit nettement saint-simonien, Arthur Fontaine et Albert Thomas.

Le cas de Fontaine, moins mêlé à l'action politique que Thomas, et plus près des sources spirituelles, est ici le plus intéressant. Comme les saint-simoniens Michel Chevalier, Fournel, Lambert-Bey, comme Le Play, Fontaine était un polytechnicien entré dans les Mines, devenu un des grands « commis » de la République, ainsi que Chevalier et Le Play l'avaient été de Napoléon III, Lambert du khédive. Comme directeur du Travail, il mit sur pied la législation ouvrière de la République radicale qui suivit l'affaire Dreyfus. Très cultivé, très artiste, aussi familier avec le monde des lettres qu'avec le monde des affaires, l'un des fondateurs, avec Desjardins, de l'*Union pour l'Action morale*, puis *pour la Vérité*, président des Conseils d'Administration des Chemins de fer de l'État, des Mines de la Sarre, du Bureau International du Travail, engagé de tout son être dans les œuvres de rapprochement international, également écouté des intellectuels, des industriels, des ouvriers et des politiques, Fontaine a figuré pour nous, pendant dix ans, l'idée même de ce que pourrait être dans l'Europe d'aujourd'hui un saint-simonisme purifié, continué, rajeuni, un industrialisme éclairé, social, rationnel, bienfaisant.

La vertu de Fontaine, c'était, dans la lucidité paisible d'un technicien et l'intellectualisme méthodique d'un cartésien, un souci moral, une idée, une pratique du bien, et une sorte de religion sans dogme, mettons celle de la rue Visconti. Et nous touchons ici au besoin fondamental et à la grande difficulté de l'industrialisme, à la raison aussi de son échec actuel.

L'industrialisme est trop fort sur le terrain des intérêts pour paraître avec autorité sur le terrain des idées. Il éclate trop de chair pour éclater aux esprits. Il y a là un fossé qui ne peut être franchi que par le coup d'aile et le coup de génie. C'est ce qu'avait compris le saint-simonisme.

Mais d'un siècle à l'autre, entre le saint-simonisme de 1821, celui du *Système des Industriels*, et l'industrialisme de 1821, celui des comités d'industriels, il y a cette différence absolue, cette différence dans la durée, que Saint-Simon et ses disciples avaient le capitalisme devant eux, dans le siècle qui venait, et que les industriels d'aujourd'hui ont le capitalisme derrière eux, dans le siècle » coulé, comme une chose faite, dont la tradition est établie, dont le poids est imposé, dont les nécessités commandent. Ce sont des héritiers, alors que les saint-simoniens étaient des pionniers. En supprimant l'héritage ceux-ci prenaient acte de leur propre table rase. Mais moins encore que l'héritage du capital, des capitalistes ne peuvent, eux, méconnaître l'héritage du capitalisme. Saint-Simon voyait un capitalisme tel qu'il pouvait être, ou, si ou veut, tel qu'il ne devait pas être : c'était la chose à acquérir. Mais force nous est de prendre aujourd'hui le capitalisme tel qu'il est, c'est-à-dire comme la chose acquise, la fortune acquise, un système d'intérêts, une doctrine d'intérêts, une volonté d'intérêts à défendre. Pour le couvrir d'une idéologie, pour le munir et l'embellir d'un idéal, n'est-il pas trop tard ?

On en put douter, peut-être, quand le nouvel industrialisme fut pris, aidé, soulevé par cet hymne à la production dont nous parlions, et devint un productivisme. Il y eut l'évangile de la prospérité américaine, l'euphorie de la production s'accompagna d'une phosphorescence d'idées, prétendit même à une philosophie, celle d'un monde en mouvement, en action, en création. Nous sommes entrés dans l'après-guerre le 11 novembre, à la Saint-Martin. Les dix années d'après-guerre font ici un été de la Saint-Martin capitaliste avant le rude hiver d'aujourd'hui.

LE NOUVEL OPPORTUNISME

À défaut d'un nouvel industrialisme, les Intérêts n'ont pu organiser réellement qu'un nouvel opportunisme, ou plutôt s'organiser dans un nouvel opportunisme, qui, sauf l'intermède du 11 mai 1924, et avec des tempéraments habiles, est demeuré à peu près au pouvoir depuis la fin de la guerre jusqu'aux élections de 1932. Poincaré a été l'homme d'État du nouvel opportunisme, comme Ferry avait été l'homme d'État du premier opportunisme. Je n'en méconnais pas les services. Un chapitre *De l'opportunité d'un opportunisme* serait peut-être indiqué au cours de nos propos, si on les voulait plus complets. Le vieil opportunisme des Étienne, des Ferry, des Rouvier, des Dupuy a sa place dans l'histoire de la République, et un néo-opportunisme, soutenu par le monde des affaires, comme l'ancien l'a été en France sous Grévy, et jusqu'au Panama, put trouver pendant quelques années un climat favorable. Comme l'ancien opportunisme, et plus que lui peut-être, le néo-opportunisme parut avisé et prudent. M. Tardieu, qui, avec un tempérament de chef, en devint après Poincaré la personnalité la plus éminente, lui a trouvé une formule : celle de l'enfant sur les bras. Formule anglaise, en somme, celle que l'ancien opportunisme avait toujours considérée comme souhaitable, mais qu'il n'avait pas appliquée : le programme du parti avancé réalisé, le moment opportun venu, par le parti conservateur. Ni avancé, ni conservateur, termes pour théoriciens, mais praticien, auvergnat (voyez MM. Doumer et Laval...).

Ce n'est pas là une mauvaise formule de gouvernement. Il n'est jamais souhaitable que le pouvoir soit trop longtemps exercé en son nom, mais, dans l'alternance des partis au pouvoir, elle trouve sa place et retrouve toujours son heure. Elle aura de l'écho dans un pays où, comme on l'a dit, si le cœur est à gauche, le porte-monnaie est à droite. Sa limite (je ne dis pas son danger et encore moins son avantage) c'est qu'automatiquement elle laisse au parti adverse l'élément spirituel, la catégorie de l'idéal. Si la politique, en France, ce sont les idées, le néo-opportunisme des Intérêts ne risque-t-il pas de traverser les zones dangereuses qu'a rencontrées Guizot en 1848, et où lui-même a été blessé les 11 mai 1924 et 8 mai 1932 ?

Notons cependant que les partis radical et socialiste ne sont des partis d'idées que dans une certaine mesure, que, s'ils ont une âme, ils ont aussi un corps, et que cette guenille leur est volontiers très chère. Les méchants ont fort insisté sur l'imprudence, au 11 mai, avec laquelle, dans un mot célèbre, un journaliste mangea le morceau. Le personnel politique et la presse radicales et socialistes sont redondants d'« Intérêts ». On attachera plus d'importance à ceci, que, si le néo-opportunisme est censé représenter les intérêts des « gros » (et il ne nourrit point en effet l'intention de leur nuire), les partis de gauche se glorifient de représenter les intérêts des « petits », lesquels sont tout de même des intérêts.

Remarquons également que si, pour la province, qui vit de la politique, qui pense politique, qui est la politique, qui n'a pas d'autres idées que les idées politiques, c'est pour les partis de gauche un avantage que de représenter les idées, il n'en va pas de même à Paris. Paris ne demande pas ses idées au gouvernement, au régime, aux partis au pouvoir. Il les fait lui-même. Son élite littéraire et intellectuelle n'en reçoit pas des politiques, mais en fournit aux politiques. Un parti politique chargé, comme les partis de gauche, d'un spirituel à figure provinciale peut se trouver, à Paris, en état d'infériorité et de gaucherie (en province la gauche est la gauche, à Paris la gauche est gauche) devant un parti qui ne se soucie pas des idées, les laisse à d'autres, et se contente d'administrer des intérêts.

LES INTÉRÊTS CONTRE LES IDÉES

Ce qui serait grave, ce serait que ces intérêts fussent administrés contre les idées, et qu'un plan préconçu empêchât Paris de remplir aujourd'hui sa fonction historique de fournisseur d'idées politiques et autres. Or c'est un péril actuel. Depuis le début du XXe siècle il s'est produit à Paris deux mouvements importants et concomitants des Intérêts contre les idées : d'une part, la disparition de la tradition révolutionnaire, la substitution d'un conseil municipal d'affaires à ce conseil municipal politique, qui, en 1887, en se déclarant en permanence, empêcha Versailles d'élire Jules Ferry ; d'autre part, la crise de la presse d'opinion et le règne d'une presse contrôlée, jusque dans ses caricatures, par les Intérêts, la presse dont M. Berl écrit : « Elle inculque peu à peu au pays l'idée que les idées ne comptent pas, que seuls comptent les faits et les personnes. Elle voudrait une opinion fabriquée en série. » Le directeur d'un grand journal d'informations reprenait vivement un interlocuteur qui lui parlait de ses journalistes : « Je n'ai que des employés ! » L'opinion en série, les employés, ce que *le Canard* appelle le « journalisme *(sic)* », si chaque ordre d'idées a ses parties honteuses, voilà celles de l'industrialisme et du néo-opportunisme.

Mais enfin le journal n'est pas tout, la liberté de la presse subsiste pour qui ne tient à être lu que de quelques-uns, et il y a encore un plan où les intérêts ne se justifient que par l'idée qu'ils représentent.

LA CRISE DE L'HÉRITAGE

O r l'idée qui justifie politiquement les intérêts particuliers ne peut être que celle de l'intérêt général, non seulement de l'intérêt général actuel, coupe faite par la génération présente, mais de l'intérêt général durable, héréditaire, l'intérêt de la richesse plus que l'intérêt des riches, l'intérêt du fonds plus que l'intérêt du revenu. L'héritage seul met une mystique et une foi sous l'écorce peu avenante des Intérêts. Qu'est-ce que le capitalisme, sinon la transformation de la richesse en moyens de production, en moyens d'action future, alors que le prolétaire, qui vit en dehors de la catégorie d'héritage, la suppose seulement chez les riches, la sent seulement chez lui, comme un moyen de jouissance présente ?

L'industrialisme d'après-guerre suscite simplement l'un des visages passagers du capitalisme, en tant que le capitalisme fonctionne comme système général de valeurs. Or le capitalisme d'après 1815, qui a fait la grandeur du XIXe siècle, passe aujourd'hui par une crise telle que si elle ne marque pas sa fin, elle annonce au moins des transformations profondes. La critique du capitalisme est déchaînée, coule à pleins bords. Cette crise et cette critique se nouent dans le problème tragique de l'héritage.

Le Play n'en serait pas surpris, lui qui attribuait la décadence de son temps, l'état révolutionnaire de la société où il vivait (et qui était pourtant cette société du second Empire où tous les intérêts semblaient satisfaits) à l'article du code Napoléon sur le partage égal. Du haut en bas de la société, partout, aujourd'hui, le principe héréditaire, l'avantage héréditaire, l'économie héréditaire, s'affaiblissent : assaut de l'État par le prélèvement sur les fortunes et par la liquidation des fortunes, assaut de l'économie socialiste par la ruine et le discrédit de l'épargne qui en revient à la thésaurisation comme le commerce tend à revenir au troc, assaut de la politique par l'École Unique, triomphe du boursier, on pourrait même dire du *bursisme* intégral : le malheureux lapin héritier, fils de Simon et petit-fils de Pierre, dont la peau est employée par les partis politiques à des comparaisons insultantes, et qui a, comme on sait, commencé, se voit sur toute la ligne sacrifié à dame Belette (dont les caricaturistes donnent les traits à Léon Blum), la discoureuse, qui, un beau matin (et la journée n'est pas finie), s'est logée dans son terrier. Et ce n'est pas en France que Jeannot est le plus maltraité !

Mais aux yeux de l'esprit l'héritage n'apparaît pas par son aspect matériel, soit la transmission des capitaux dans les familles. Il faut y voir, en même temps qu'une réalité économique et légale, une idée organisatrice et vivante, une vitamine qui se communique à toutes les parties du corps social. L'héréditaire s'oppose au viager. Un pays vit d'autant plus dans l'héréditaire qu'il est plus ancien, qu'il repose sur une tradition plus épaisse. Et l'on montrerait sans peine que la France est le pays de l'Europe le plus héréditaire qui soit. Si les Français perdent rieur héritage, la France reste un héritage, et le Français figure, en Europe, le grand héritier. Héritier de la plus longue durée politique, héritier d'une France indivisible dont il ne peut supporter aucun démembrement, héritier de la terre la plus patiemment et la plus heureusement aménagée par l'effort humain, héritier comblé qui ne demande rien de plus, exige que le livre des mutations soit dos, appelle modération et désir de paix la satisfaction légitime que lui donne un héritage parfaitement arrondi, où il n'a même plus à envier un moulin de Sans-Souci. Cette conscience de l'héritage a fourni toute leur philosophie sociale à deux Français, aussi immodérément français que Barrès et Maurras. Je ne veux pas revenir sur une question à laquelle j'ai consacré toute une partie d'un livre, *la République des Professeurs*. C'est dans cette durée héréditaire, dans ce système bien composé, que nous sentons des craquements : notre vie française, et peut-être la vie du monde, sont attirées, happées, plus où moins déséquilibrées par un cyclone, par la crise des valeurs, des biens et des fonctions héréditaires.

L'industrialisme rejoint par là le traditionalisme. Comme lui, il est mal à l'aise dans le viager, ce viager qui coule aujourd'hui à pleins bords. Mais en Amérique nous l'avons vu fort bien non seulement se résigner au rôle viager, mais anticiper allègrement sur lui, comme c'est le cas de Rockfeller. Et l'Allemagne d'aujourd'hui entrerait volontiers dans ce viager, dans cette discontinuité des générations, qu'elle baptiserait sans doute dynamisme, le goût français de l'héritage lui fournissant l'antithèse statique. Peut-être, après tout, en Europe comme en Amérique, le capitalisme est-il en train de dénouer la solidarité qui le lie à l'héritage, d'admettre résolument le précaire et le viager, de se satisfaire d'un monde dont l'avenir soit imprévisible et impensable. Bonald l'avait déjà montré, par un mémoire célèbre, dans ce début du XIXe siècle où, en trente ans, les directions maîtresses dont a vécu notre politique et notre économique ont été formulées : le principe héréditaire est lié à l'ordre agricole, non à l'ordre industriel. Autant l'agriculteur est tenu et soutenu par l'attention à la tradition, autant l'industriel doit prêter d'attention à l'innovation, au renouvellement de l'outillage, des procédés, de la clientèle. L'un travaille dans un monde fait, où il trouve des lois. L'autre travaille dans un monde à faire, où il tourne des lois.

Une vraie et complète philosophie de la tradition est toujours agrarienne, et la liaison entre le traditionalisme chinois et le culte de l'agriculture aurait son équivalent chez ers Chinois de l'Europe, nous-mêmes. Sous la Restauration et au temps de l'Assemblée nationale, les vrais partis conservateurs ont été agrariens. Les économistes libéraux ont tenu dans l'industrialisme une place plus ou moins copiée sur celle qu'occupaient les théoriciens doctrinaires comme Bonald et Le Play dans l'agrarisme. Le champ, le terrier de Jean Lapin, voilà la forteresse du principe héréditaire. Or l'agrarisme, comme doctrine, subsiste, de même que la France agricole, comme terroir, résiste. L'agrarisme a une bonne conscience. Son suc nourrit encore nos théoriciens nationalistes. Il est actif, vivant, dans les conseils généraux, où il fait bon ménage avec l'esprit de gauche. Il jouit de la considération des préfets. Les électeurs de notre canton de Mâcon, qui envoient au Parlement, depuis soixante ans, d'abord nu radical, puis un socialiste — la marche à gauche — nomment non moins immuablement au conseil général un

excellent agrarien conservateur, le baron du Teil. Rien de plus lamartinien, d'ailleurs. On vote aux élections législatives pour l'ode des *Révolutions* et les *Girondins*, aux élections cantonales pour *Milly* et la *Vigne et la
Maison* : on est bilatéral.

Concluons qu'entre : 1° l'économie politique qui lui a fourni une
théorie jusqu'à la guerre ; 2° un industrialisme à tendances moitié saint-
simoniennes, moitié américanistes ; 3° un traditionalisme agrarien de
tendance nationaliste, — le capitalisme, si fort par la politique et
surtout par la presse, n'a pas creusé nettement son courant d'idées,
n'aboutit pas à une doctrine, n'arrive pas à dépasser le cercle où il est
bien chez lui : un opportunisme d'intérêts.

IV. LE CATHOLICISME SOCIAL

CLÉRICALISME ET LAÏCISME CATHOLIQUES

L e christianisme a été longtemps en France la maison mère des idées politiques. Il n'est plus la seule depuis le XVIIIe siècle, mais sa valeur reste immense dès qu'il s'agit de l'homme, de la destinée, de la fonction et de la vie humaines : d'où, pour une politique de sentiment chrétien ou de pensée chrétienne, un ton, un style, et, grâce à cette milice cléricale qui, dit Jules Soury, porte l'uniforme des hautes préoccupations spirituelles, une influence hors de pair.

Milice cléricale, et plus d'un lecteur de gauche reniflera, à ce mot, une odeur de poudre. L'homme dans la rue en a presque oublié l'acception normale, remise cependant en circulation par M. Benda, et y voit l'épithète dérivée de cléricalisme, au lieu que cléricalisme soit dérive de clérical. Catholicisme social, c'est-à-dire influence du catholicisme sur la société, pénétration de la société par le catholicisme, voilà qui, pour un républicain vigilant, cousine de bien près avec le cléricalisme, ouvre le bon œil du militant.

Rassurons le militant. Le catholicisme social, sous la figure qu'il présente aujourd'hui, et qu'il tient d'un certain passé, n'est point un cléricalisme. Il est même le contraire d'un cléricalisme : à savoir un laïcisme. J'irais plus loin. Je verrais en lui le laïcisme le plus vivant, avec des vitamines, des tragédies, des problèmes. Laïque ne se conçoit en effet que comme corrélatif de clérical (au sens non polémique : ce qui concerne le clerc). Or, depuis la séparation, le clergé, soumis au droit commun, n'a plus les moyens de faire du cléricalisme, c'est-à-dire de s'efforcer vers un gouvernement des curés en s'appuyant sur une situation de curés du gouvernement. Il n'y a plus de vrai cléricalisme d'État, il n'y a par conséquent plus de quoi faire un vrai laïcisme d'État. Depuis que l'État s'est séparé de l'Église, que le radicalisme a perdu ce qui le faisait si bien marcher, on n'est laïque que sur une jambe. Ce conservatoire de la laïcité qu'est la Gauche démocratique du Sénat paraît sujet à l'illusion des amputés, il a parfois mal dans sa jambe de bois, et ne l'envoie pas dire. Mais comme médire du Sénat est aussi déplacé chez le bon républicain qu'abîmer à l'excès l'Académie décèle un manque de tact chez l'homme de lettres, hâtons-nous d'ajouter que cette illusion ne manque pas d'utilité, qu'elle fait fonction d'antenne, et que, quand l'invalide sent des rhumatismes dans son membre absent, c'est que le temps va changer : les inquiétudes du Sénat au sujet de la laïcité signalent à un président du Conseil avisé qu'il cède immodérément à la réaction, pactise avec les ennemis du progrès, et que le coup de barre à gauche est nécessaire (enlevez de ces clichés ce qui se dit, et gardez-en ce qui reste).

Le laïcisme vivant, celui qui permet de poser des problèmes, serait moins un laïcisme contre-catholique qu'un laïcisme intra-catholique. Et, que nous le disions aujourd'hui, n'empêche que le fait ne remonte beaucoup plus loin, au temps où des laïques catholiques ont commencé à prendre sur le public catholique, en des matières qui sont de la religion ou qui y touchent, une influence sensible. On pourrait même en marquer le moment précis : ce début de janvier 1656 où l'abbé Antoine Arnauld, docteur en Sorbonne, ayant été jugé téméraire par cette compagnie, et ayant écrit, pour se disculper, un copieux factum, fit lecture de son œuvre à ses amis de Port-Royal. Le propos du docteur parut froid, ce qu'on ne lui dissimula pas, et dont il prit son parti : « Je vois bien que ce que j'ai écrit n'est pas bon ». Un laïque était là, le frère d'une religieuse de Port-Royal, un garçon occupé jusqu'alors à des recherches de physique et de géométrie, vers qui se tourna l'abbé. « Mais vous, Monsieur, qui êtes jeune, vous devriez nous faire quelque chose ». Pascal promit d'essayer : quelques jours après il apportait à ses amis la première *Provinciale*.

On a coutume de déplorer le mal que les *Provinciales* ont fait à l'Église, en provoquant et en entretenant une fièvre polémique dont l'incrédulité et la Révolution profitèrent seules. Et ce n'est pas inexact, mais il faut aussi voir le bien. Port-Royal (mi-clérical, mi-laïque) et Pascal ont introduit dans le catholicisme français ce qui en est demeuré non seulement la marque propre, mais le levain actif : la parole donnée aux laïques, sur les mêmes matières qu'aux clercs, et avec la même efficace ; un laïcisme para-clérical qui se fera parfois anti-clérical, en réponse à ceci, que, par position, le clerc se fera plus ou moins antilaïque, mais les deux chevaux, malgré leur rivalité, traînant le même char. Depuis la mort de Massillon, la littérature catholique éminente est toute laïque, à une exception près, qui confirme singuliè-rement la règle : Lamennais (ajoutons, pour notre temps, l'abbé Bremond, ce fruit d'automne par qui l'Église de France a fini par avoir, ce qu'elle méritait bien, son Sainte-Beuve à elle). Les trois seules apolo-gétiques qui aient eu, en même temps qu'une place dans la littérature, une action sur les âmes, sont de deux laïques et d'un « prêtre malgré lui » qui ne l'est pas resté : les *Pensées*, le *Génie du Christianisme* et l'*Essai sur l'Indifférence*. Aujourd'hui, dans notre Landerneau littéraire, si nous connaissons les convertis de l'abbé Altermann, et même ceux de l'abbé Mugnier, nous savons aussi ceux de Léon Bloy, et ceux de Claudel, et peut-être ceux de notre cher Poète Rustique. Dans cette Église spécu-lative et enseignante, le laïcisme coule à pleins bords.

Tout le sens et tout l'avenir de ce laïcisme étaient déjà dans la scène de Port-Royal : « Vous qui êtes jeune ! » Pascal est un jeune, Pascal est un laïque, et qu'est-ce que la Provinciale qu'il écrit à la suite du propos d'Arnauld ? Un article de journal, le premier de tous, le morceau insti-tuteur du journalisme. Les trois questions intérieures qui ont préoc-cupé si fort la hiérarchie ecclésiastique au XIXe siècle depuis l'Encyclique *Mirari vos* sont là : celle des jeunes, celle des laïques, celle du journal.

LE CHRISTIANISME ET LES JEUNES

Celle des jeunes : l'Église n'est pas seulement une hiérarchie, c'est une gérontocratie. L'éducation de la jeunesse, les œuvres de jeunesse figurent au premier rang de ses préoccupations et de ses occupations. Mais il s'agit alors de rendre la jeunesse docile, d'en extirper les poisons, comme le baptême a extirpé Satan, de la ployer à une tradition, de lui communiquer le plus possible de l'expérience des vieillards. Il est exclu qu'on la considère comme une force propre de renouvellement, comme le mouvement de cette humanité qui « ne vit pas d'une idée », et qu'à ce titre, on lui confère une fonction et on lui réserve un rôle. L'autorité du passé reste la matière rigide et résistante dont sont faits les cadres qui la commandent et l'utilisent. Cette pensée qu'il y a une vertu propre dans la durée, que chaque génération apporte son ferment et son message, et que tout n'est pas dit, elle a été condamnée par l'Église lorsque le modernisme a voulu l'appliquer aux dogmes. Un mouvement intellectuel jeune catholique ne trouve d'ordinaire la voie libre que s'il emploie son esprit inventeur à réhabiliter paradoxalement un passe qu'on croyait mort : voyez le néothomisme.

Le mouvement de *l'Avenir* a, pour la première fois je crois, posé devant la hiérarchie, dans toute son étendue, ce problème de la jeunesse, de sa vertu et de sa fonction sociales : de jeunes clercs, mêlés au monde laïque, pris dans la fermentation d'une grande époque, prétendirent alors accorder l'Église à cette époque, l'appeler à un rôle et à des devoirs nouveaux, représenter une génération qui sait et fait ce que les générations antérieures ne savaient ni ne faisaient. La hiérarchie condamna ces aspirations insolites, brisa Lamennais, mais Gracchus jeta vers le ciel la poignée de poussière d'où naquirent plusieurs Marius. Depuis la séparation surtout, il y a en France un problème du jeune clergé. Et le jeune clergé suit plus ou moins la ligne du mouvement de l'*Avenir*, ou la ligne du mouvement tout court. Le jeune clergé est le clergé de paroisse, né du peuple, qui vit dans le peuple, qui demeure souvent isolé et mal vu s'il se montre réactionnaire, s'il se met au service des « gros ». Dans ce jeune clergé, le mouvement populaire du *Sillon* avait été bien accueilli. Il me souvient qu'en pleine époque de Pie X, en 1911, voyageant dans un compartiment de séminaristes qui partaient en vacances (et qui appartenaient au diocèse de Julien Sorel), je fus surpris en voyant cette jeunesse, libérée de l'œil des supérieurs, tirer des poches l'organe du *Sillon*, comme les soldats de 1815 la cocarde tricolore cachée au fond des sacs. Au contraire, le mouvement réactionnaire de l'*Action française*, plutôt que dans le jeune clergé, avait trouvé de l'écho dans certains « gros » de la hiérarchie, tant française que romaine. C'était même d'autant plus remarquable que l'antisémitisme et *la Libre Parole* avaient fanatisé le petit clergé dans les derniers temps du régime concordataire : ni Léon Daudet, élève de Drumont, ni Maurras, avec ses appuis cardinalices, n'ont pu gagner dans la nouvelle génération cléricale la place que Drumont tenait pour l'ancienne. La séparation, en liant davantage les destinées de l'Église à l'assentiment du peuple, y a été pour quelque chose. Mais il faut y reconnaître aussi un élan spontané et imprévisible de jeunesse. Notons qu'un des principaux éléments de succès du jeune clergé, qui est aussi le petit clergé, consiste dans ses initiatives et son action en matière de patronages, où les curés ont su faire ce que les instituteurs ne faisaient pas. Il n'est pas sûr que les patronages et la fréquentation de leurs prêtres aient considérablement augmenté la foi des jeunes gens, mais il est certain qu'ils ont mêlé davantage les prêtres à la vie, en les rapprochant d'une jeunesse, dont l'âge est souvent très près du leur, et en engageant le jeune clerc dans des liens de camaraderie laïque. Par eux et par là a été surmonté en partie ce préjugé de défiance populaire, né, comme son produit direct, du cléricalisme militant qui va de 1815 à l'affaire Dreyfus.

Ce mouvement de démocratie interne modérée et d'adhésion à la démocratie externe, en lui-même, ne gêne pas beaucoup l'Église, dont l'organisation est si souple, qui n'est liée à aucun système particulier de gouvernement, et qui a, pour s'accommoder en France au régime démocratique, toutes sortes de raisons, dont l'une tient dans la définition célèbre : la démocratie est le nom qu'on donne au peuple quand on a besoin de lui. Et séparée de l'État, l'Église a moralement grand besoin du peuple ! Les trois derniers pontificats ont réagi, dans une certaine mesure, contre la gérontocratie traditionnelle, en faisant une place plus grande à la jeunesse libérale dans les hauts postes ecclésiastiques. Et le : « Il faut que l'Église marche avec son temps », tend à remplacer : « Il faut que le temps marche avec l'Église ».

LE CHRISTIANISME ET LES LAÏQUES

Mais le rôle grandissant des laïques, de l'esprit laïque, de l'invention laïque dans la vie intellectuelle et spirituelle de l'Église de France ont fait tout de même une situation délicate à la hiérarchie cléricale. À la fondation de l'*Action catholique*, c'est-à-dire d'un organisme contrôlé par les évêques, aux condamnations du *Sillon* et de l'*Action française*, on peut, entre autres causes, reconnaître celle-ci : la défiance et l'irritation de cette hiérarchie consacrée contre des mouvements d'idées que des laïques produisaient chez des catholiques, et qu'ils utilisaient à des fins de politique laïque. « Cette Église, déclarait Pie X dans l'Encyclique *Vehementer*, est par essence une société inégale, comprenant deux catégories de personnes : les pasteurs et le troupeau. La multitude n'a pas d'autre fonction que de se laisser conduire, et, troupeau docile, de suivre les pasteurs. » On sait que la crosse épiscopale dérive du long bâton des pâtres orientaux, avec l'extrémité recourbée par où ils attrapaient la patte du mouton à saisir. Ce document pontifical, par la vigueur avec laquelle il rétablit la discipline autour de l'évêque, semble vraiment lancé par le pasteur, d'une main sûre, pour happer au gigot l'ouaille indépendante. Il faut cependant établir entre *le Sillon* et *l'Action fran-çaise* une distinction. La condamnation du *Sillon* a été prononcée par Pie X sur une question de discipline, la discipline des cercles sillonnistes, que Rome jugeait trop indépendants des évêques, et qui durent se dissoudre. Mais la lecture du journal de Marc Sangnier ne fut pas interdite, et *le Sillon* ne fut pas l'objet d'une condamnation doctrinale. Au contraire, la condamnation de l'*Action française* est portée contre un doctrinaire laïque, d'ailleurs étranger aux croyances catholiques, et contre un système d'idées qui, ayant conquis de nombreux catholiques, a dû être examiné par Rome, dès l'époque de Pie X, sur l'ordre du pape, par des censeurs patentés. Il est remarquable que le même prélat, le cardinal Andrieu, fut chargé de solliciter, avec la certitude de la réponse, l'avis de Rome sur le cas du *Sillon* et sur celui de l'*Action française*. Et un observateur ironique, placé dans la coulisse derrière le vieux soldat de Rome, reconnaîtrait que les deux mouvements ennemis sont en réalité deux parties du même serpent (dont la tête mord d'ailleurs colériquement la queue), deux moitiés de ce reptile aujourd'hui centenaire qu'était le mouvement de l'*Avenir*, le mouvement laïco-journaliste de 1831. La condamnation du *Sillon* est un acte d'autorité du clerc contre l'intrusion des laïques. La condamnation de l'*Action française* est un acte d'autorité du clerc contre le journal, de la chaire à prêcher contre les inventions de Gutenberg, de Pascal, de Girardin, de Moïse Millaud et de Veuillot.

LE CHRISTIANISME ET LE JOURNAL

En condamnant Lamennais, Grégoire XVI avait dénoncé *haec detestabilis atque exsecranda libertas artis librariae*. Le pouvoir du journaliste sur l'opinion égale ou dépasse celui du prêtre. Cette action, cette concurrence terrible de la presse, à laquelle le clerc n'est pas adapté et à la rude matérialité de laquelle, comme l'ont montré les maladresses des Assomptionnistes, il ne pourrait s'adapter sans déchoir, telle est la situation nouvelle illustrée et rendue consciente, en 1832, par la condamnation non plus d'un homme et d'un in-folio, Jansénius et l'*Augustinus*, mais d'une équipe et d'une feuille volante, qui portent ce nom, gros de menaces ou de promesses, qu'elles ont réalisées : le mouvement de l'*Avenir*, — mouvement et avenir. Le *Sillon*, beaucoup plus fort par ses orateurs que par son journal, relevait encore de la chaire à prêcher. Au contraire, l'*Action française* est un mouvement de journalistes, nullement d'orateurs. Or, sans remonter plus haut que la troisième République, il faut reconnaître que l'Église a été conduite deux (ois à une catastrophe par de grands journalistes. La première fois par Veuillot, le principal responsable : d'abord du grand refus de Chambord en 1873 ; ensuite de ce bellicisme contre l'Italie unifiée, qui fit passer auprès du pays pour un danger de guerre l'Assemblée conservatrice élue pour la paix ; enfin de ce recours quotidien au miracle, de ce mysticisme d'écrivain irresponsable et irréaliste qui transpose en facilité des choses la facilité de sa plume. La seconde fois par Drumont, qui créa et entretint l'affaire Dreyfus. Veuillot et Drumont, journalistes des presbytères, n'avaient réussi qu'à hâter, le premier le vote des lois laïques, le second la séparation de l'Église et de l'État. En frappant le journal et les journalistes qui succédaient à *l'Univers* et à *la Libre Parole*, Rome suivait la ligne et utilisait l'expérience d'une mémoire tenace.

Pour s'être laissé conduire par *la Libre Parole* dans l'affaire Dreyfus, le clergé français a paru devant le pays un bloc noir d'action antirépublicaine. L'Église n'entendait pas courir une troisième fois, dans un pays républicain, pareille aventure. Elle y coupa court avec rigueur, et même, chez certains prélats, avec brutalité, par des refus de sacrements et d'obsèques, comme au temps de la bulle *Unigenitus*, qui n'eurent rien de paternel, et où l'on sentit toute l'aigreur du conflit professionnel entre ces deux chefs rivaux de l'opinion : le clerc enseignant et le journaliste laïque.

Voilà pour éclairer le passé et l'avenir de ce catholicisme social, républicain, démocratique, qui répond à une part aujourd'hui vivante du spirituel français, qui a produit sur l'échiquier parlementaire un parti capable de jouer un rôle encore vague d'appoint, et qui, devant le pays, demeure d'assiette politique incertaine : les démocrates populaires.

Quoi qu'il en soit, la démocratie catholique justifie d'une manière singulière le Lamennais de 1830. En effet, le mouvement de *l'Avenir* posait trois conditions d'un catholicisme régénéré : la séparation de l'Église et de l'État, un pape libéral, un clergé du peuple et pour le peuple. Plus précisément une réforme dans l'État, une réforme dans le chef, une réforme dans les membres, — et les trois réformes de caractère démocratique et populaire. Qu'en est-il advenu ?

LA RÉUSSITE DE LA SÉPARATION

Séparation de l'Église et de l'État. En 1830, et pour de longues années, l'Église ne comportait pas l'atmosphère favorable à une séparation qui eût ôte à l'État un moyen de gouvernement, au souverain pontife une part de prestige politique, au clergé la qualité et les bénéfices d'allié des classes dirigeantes. Et pourtant Lamennais, comme tous les génies réformateurs de cette grande époque, voyait loin. La séparation de l'Église et de l'État, qu'il aurait voulu voir demandée par l'Église, souhaitée par le pape, fut commandée par l'État, contre l'Église, à titre de défense du temporel contre le spirituel, de moyen de combat dans une guerre religieuse. Malgré cette différence, les résultats de la séparation ont été pour l'Église à peu près ceux que Lamennais prévoyait. Elle l'a rapprochée du peuple, elle l'a obligée à plus de souplesse et d'adaptation, et surtout elle a mis fin pratiquement à ces deux mouvements corrélatifs, à cette systole et a cette diastole du malaise français : le cléricalisme et l'anticléricalisme. La séparation que réclamait *l'Avenir*, c'était la décompression naturelle après les quinze ans de cléricalisme militant qui avaient marqué la Restauration, et dont l'auteur de l'*Essai sur l'Indifférence* avait d'ailleurs pris sa bonne part avant d'y reconnaître sa grande erreur. Le côté confessionnel de la politique du 16 mai rendit pareillement actuelle la séparation dans le programme du parti radical, où elle resta d'ailleurs inopérante, et simplement virtuelle, les lois laïques suffisant alors à la défensive anticléricale. Contre-épreuve : le clergé n'ayant point pris part à l'assaut boulangiste contre la République, la période qui s'étend du boulangisme à l'affaire Dreyfus est celle de l'apaisement et de l'esprit nouveau. Puis l'Église, prise dans le courant de l'affaire Dreyfus, entre dans des remous politiques qui rappellent parfois les courants de la Restauration et du 16 mai : alors la séparation est votée par les Chambres et acceptée par le pays, contre l'Église, dans l'atmosphère même où son idée était née, et chez des catholiques populaires après la Restauration, et chez des républicains radicaux après le 16 mai. *Fata volentem ducunt, nolentem trahunt.* Le même destin, la même fortune, le même avenir favorable, refusés en 1832 par l'*Ecclesia volens*, sont échus en 1907 à l'*Ecclesia nolens*. Comme les livres de la Sibylle, ces destins demeuraient les mêmes, sauf ceci, qu'entre l'offre et le consentement, deux batailles avaient été perdues.

Mais ces deux batailles perdues n'en ont que mieux lié l'avenir de l'Église à une acceptation ouverte et à une utilisation habile de la règle du jeu démocratique. Elle ne tient plus à perdre d'autres parties, et a dû reconnaître qu'elle perdait toutes les fois que ses couleurs servaient d'atout dans le jeu de la réaction.

Ce que Lamennais avait fort bien compris, c'était que la séparation de l'Église et l'État profiterait au Saint-Siège : l'ultramontanisme fait la liaison entre le Lamennais de l'*Essai* et le Lamennais de l'*Avenir*. Et en effet Rome a gagné ce qu'a perdu Paris. Le Concordat (les deux Concordats, celui de François Ier et celui de Napoléon) obligeait Rome à passer par Paris pour gouverner l'Église. La séparation oblige Paris à passer par Rome pour parler à l'Église. La séparation telle que la concevaient les radicaux était la séparation de l'État d'avec les membres et le chef de l'Église : donc la suppression de l'ambassade auprès du Vatican en formait une pièce essentielle. Or cette expérience a échoué. Les relations avec le Vatican ont dû être reprises, mais avec un Vatican qui, dans l'intervalle, et du fait de la République, avait gagné automatiquement, sans même l'avoir cherché, et en protestant contre la violence qui le lui imposait, le gouvernement absolu de l'Église de France. La République lui avait livré le dernier lambeau d'esprit gallican que laissait subsister le concile de 1870. Tout a succédé selon les convenances de Rome. Le rejet de la loi de séparation par le pape, contre l'avis des évêques et des notabilités catholiques, la mise à néant de son contenu substantiel par le *veto* romain, la docilité avec laquelle ont été exécutées les décisions piodécimales et antigallicanes sur la prononciation du latin d'église ou la première communion à sept ans, ont permis à Rome de mesurer son pouvoir sur l'Église de France. Aujourd'hui la France est presque le seul pays du monde où le Vatican ne rencontre pas de difficulté sérieuse, le seul où les assemblées des évêques aient pu être supprimées : l'indulgence de la monarchie romaine envers la démocratie d'État va de pair avec une singulière rigueur envers la démocratie ou simplement l'aristocratie d'Église.

UN LIBÉRALISME ROMAIN

Le mouvement de *l'Avenir* exigeait, pour réussir cette deuxième condition, un pape libéral. Ce fut le contraire qui advint, d'abord avec Grégoire XVI, ensuite et surtout avec Pie IX, qui, ayant tenté l'expérience personnelle du libéralisme, écrasa ensuite, par le *Syllabus*, presque toutes les têtes de l'hydre libérale. Je dis presque, car il en resta une, impossible à trancher, vu qu'elle fait corps avec le Saint-Siège, et qui a suffi depuis à régénérer les autres. Voici.

On peut concevoir trois formes du libéralisme non politique : 1° le libéralisme à l'égard des idées, chacune étant acceptée comme une forme ou un moment de l'éternel esprit humain et pouvant contenir une âme de vérité : soit une tolérance active, dans laquelle est compris un libéralisme envers les religions ; 2° le libéralisme à l'égard des personnes, de leur intelligence et de leur conduite, que vous ne condamnerez ou ne ridiculiserez pas dans la mesure où elles diffèrent des vôtres. Leibniz donne une formule du premier libéralisme quand il dit : « Je ne méprise presque rien ! » Pareillement on exprimerait le second par un : « Je ne méprise presque personne ! » Et ni l'un ni l'autre ne nous empêchent de tenir à nos idées et à nos amis. Or le premier, sur qui porte en plein l'anathème du *Syllabus*, demeure et demeurera toujours réprouvé par l'Église, qui croit à l'existence active, diabolique, de l'erreur et du mal, et qui, dogmatiquement, exclut, condamne, définit. Sur ce terrain, la question du libéralisme se pose à son maximum, et elle est résolue par Rome contre le libéralisme. Mais en ce qui concerne le second, la question du libéralisme est posée au minimum, puisque le libéralisme envers les personnes ne représente qu'une forme pâle, une ombre timide de la charité chrétienne, et que, le corps de la charité paraissant à la lumière de Dieu, l'ombre ne peut que suivre le corps.

Reste une troisième forme du libéralisme : c'est le libéralisme à l'égard des nations. Il ne se confond pas avec le premier, puisqu'une nation n'est pas seulement une idée, mais une réalité de chair et d'os, et qui, par la guerre, tombe rudement sur notre chair et sur nos os. Il ne se confond pas non plus avec le second, puisque le citoyen chrétien qui pratique la charité envers le blessé ou le prisonnier ennemi ne se sentira obligé par là à aucun libéralisme envers la nation ennemie, se croira, en temps de guerre, tenu à l'exterminer, en temps de paix à affaiblir l'ennemi éventuel. Le libéralisme envers le génie, les droits ou les intérêts des nations ne va guère sans un certain internationalisme des sentiments, des idées, ou une position de dépatrié que l'Église elle-même ne recommande pas. Bossuet, dans la *Politique tirée de l'Écriture sainte*, rappelle que Jésus a eu une pensée particulière pour son pays, et qu'il a pleuré en annonçant la ruine de Jérusalem comme en perdant son ami Lazare. Il ne pleure même que ces deux fois. De ces larmes-ci, Vigny a fait naître *Éloa*. On imagine le romantisme décoratif de *la Fin de Satan* suscitant, de celles-là, Jeanne d'Arc.

Or un libéralisme actif entre les nations, donc un internationalisme par position, le Saint-Siège n'y est pas seulement appelé, il y est contraint. Maurras a appelé le Vatican la seule Internationale qui tienne. Internationale qui tient, Internationale aussi à laquelle le Vatican est tenu.

Jusqu'à la fin du XIXe siècle, ce libéralisme allant de soi, cette Internationale tenait toute seule. Le *Syllabus* ne s'en préoccupe nulle-ment, et l'on eût fort étonné Pie IX en lui disant qu'il faisait là du libé-ralisme comme M. Jourdain faisait de la prose. Cette dernière tête de l'hydre ne se discernait pas. Le Saint-Siège savait ce que lui avaient coûté les papes politiques de la Renaissance, les Alexandre VI et les Jules II : la moitié du monde chrétien avec Luther, le sac de Rome avec Bourbon. Comme l'Église de France après l'affaire Dreyfus, ses fautes l'avaient instruit. Il est même remarquable qu'elles soient presque reconnues dans et par le *Syllabus* lui-même, où est anathématisé qui voit dans les abus romains la cause du schisme oriental, mais où aucune condamnation ne tombe sur l'historien qui explique de ce point de vue la Réformation. Depuis la Contre-Réforme, les papes ont pratiqué ce libéralisme international avec sagesse, mais en somme sans grand mérite, vu qu'ils n'avaient à traiter qu'avec les souverains, lesquels n'engageaient pas dans leurs guerres l'âme et les destinées de leurs peuples, que la politique monarchique impliquait une limitation des armements spontanée, et qu'en somme les nations n'existaient pas. La naissance des nations, et des nations armées, avec la Révolution française, a tout changé et tout compliqué. La formation d'une nation italienne rendit plus paradoxal et d'aspect plus difficile l'internationalisme constitutif de la papauté. Jusqu'au traité de Latran, la nation italienne fut même condamnée par le Vatican et dans son droit vital et dans son unité consentie. Une troisième étape entre tant d'obstacles, accumulés comme à plaisir par un malin génie, paraît encore quand, l'Italie passée nation, cette nation, avec le fascisme, passe nationalisme, puis supernationalisme. Or non seulement l'Internationale qui tient a continué de tenir, mais la Cité du Vatican se trouve dans cette position, que le super-nationalisme, en la frappant, ne ferait qu'enfoncer et compléter l'Internationale vaticane, la faire mieux tenir encore. Tout acte de violence du pouvoir qui pèserait matériellement sur le pape, comme le coup de force de Napoléon, ferait du pape, automatiquement, le représentant d'une liberté, et solidariserait son internationale avec les autres internationales. Le statut du clergé, l'enceinte des églises et des séminaires, la vie catholique sont, au-delà des Alpes, les seuls points où le faisceau se desserre. Comme Lacordaire en robe de dominicain à l'Assemblée de 1848, le pape peut dire à l'Italie : « Je suis une liberté ». Et aujourd'hui la force du Saint-Siège réside en partie dans sa place indépendante au carrefour des peuples, dans le rôle modérateur auquel les circonstances le rendent plus apte que jamais, dans le barrage qu'il élève, et par position et par opposition, devant les nationalismes, et donc enfin dans un libéralisme international.

Non moins important qu'en Italie, quoique fort différent, est le rôle que tient aujourd'hui en France cette Internationale par position, qui y a permis, sous le pontificat de Pie XI, à l'Église un rétablissement inattendu. L'opposition de la droite et de la gauche, qui donne son axe à la vie politique française, comporte en effet, comme le vers d'un bon poète, non une césure fixe, mais une césure mobile. Expliquons cette métaphore. La finesse de l'oreille poétique consiste à discerner, dans un vers de Racine, de Chénier ou de Victor Hugo, la césure intérieure, organique, qui peut se trouver à n'importe quelle place, et la césure extérieure, mécanique, celle qui tombe obligatoirement après la sixième syllabe. Pareillement, il y a entre la droite et la gauche une césure extérieure, automatique, celle qui met à droite les intérêts, les noms à particule, les militaires, les curés, et à gauche la laïcité, l'esprit de la Révolution, le progrès, comme on dit, vers plus de lumière, de solidarité et de justice. Or il semble qu'aujourd'hui cette vieille césure soit devenue accessoire, mécanique, ronronnante, et que la vraie césure, l'intérieure, l'organique, soit celle qui sépare le national et l'international, l'intérêt français et l'intérêt humain, la préparation à une guerre possible ou la préparation d'une paix nécessaire. Dans ces conditions, l'Église, cette Internationale, sous un chef international, trouverait, si besoin était, bien des raisons de figurer à gauche de la césure.

D'appartenir à une Internationale par position, évidemment, pour un grand nombre de catholiques français, pour le haut clergé, l'aristocratie, la bourgeoisie, les familles militaires, c'est dur. L'affaire de l'*Action française* a mis en pleine lumière des cas de conscience tragiques. Il faut cependant reconnaître un caractère presque miraculeux au service qu'en ont reçu le libéralisme international du Saint-Siège et la politique de Pie XI.

La condamnation du maurrassisme a été le coup de cloche à la césure, le trait de feu qui marque le temps d'un vers aux oreilles les plus prévenues. Elle a vivifié avec éclat le mot de Maurras lui-même sur la seule Internationale qui tienne. Elle a identifié aux yeux des Français la politique de Pie XI, sinon la politique éternelle de l'Église, avec un libéralisme international, et, trente ans après l'affaire Dreyfus, elle a, par un coup d'État spirituel, séparé du sabre le goupillon. Trente ans, soit l'espace d'une génération. Voilà une génération catholique qui a opéré un singulier redressement ou plutôt un remarquable gauchissement.

UN CLERGÉ POPULAIRE

C'est qu'entre temps, la troisième condition exigée par Lamennais, un clergé populaire, en accord avec des laïques populaires, s'était réalisée, et cela depuis un quart de siècle, par un mouvement venu du fond. À vrai dire, le clergé a toujours été, et depuis le Concordat de 1801 plus encore que sous l'ancien régime, et depuis la Séparation plus encore que sous le Concordat, une classe d'origine populaire. Il n'y a qu'une corporation dirigeante aussi intégralement populaire : c'est l'enseignante. Le clergé et l'enseignement se recrutent exactement au même étage des familles françaises, soit dans la paysannerie et la toute petite bourgeoisie. Dans les écoles normales les futurs instituteurs sont boursiers de droit, et les neuf dixièmes des professeurs du secondaire et du supérieur sont d'anciens boursiers. Sauf ce point, que les catholiques aisés font eux-mêmes les frais des bourses dans les séminaires, il en va ainsi pour l'Église. Au village, l'instituteur recrute pour l'école normale, demain pour l'école unique, le curé pour le séminaire. Numériquement les deux corporations se balanceraient presque : aux 175 000 membres de l'enseignement public, on opposerait environ 150 000 séculiers, réguliers, laïcisés, membres de l'enseignement privé plus ou moins contrôlés par l'Église. C'est une manière de *Rouge et Noir* 1930.

Dans le *schibboleth* de la « laïcité » est comprise l'option pour le rouge. À des points de vue différents, Stendhal et Flaubert retrouve-raient là, également, un grand sujet.

Dans un pays catholique, une place évacuée par le clergé est auto-matiquement occupée par l'instituteur et le professeur. Il faut admirer ce parallélisme et cette solidarité des deux corporations. Je dirais même, au risque d'être noté sévèrement par les laïcitoyens, qu'il serait beau et libéral d'en conserver l'équilibre. La révolution espagnole a mis des professeurs partout et elle ne pouvait faire autrement : ce sont les cadres naturels d'une jeune République. Or le professeur Miguel de Unamuno a prédit à l'Espagne une ère de professorisme, qui ressemble-rait comme un frère au militarisme et au cléricalisme, et devrait être un jour combattu comme eux. Quoi qu'il en soit là-bas de l'opinion de l'éminent recteur de l'Université de Salamanque, nous avons toutes raisons d'espérer que le « professorisme » ne dépassera pas en France le coteau moyen où s'asseyait naguère l'auteur de la *République des Profes-seurs*, et qu'il ne trouvera jamais l'occasion d'exercer les monopoles tyranniques du cléricalisme au temps de la Congrégation. Comme l'autre, ce cléricalisme (qui sait si l'École Unique ne lui fournira pas un bouillon de culture ?) risquerait alors d'encourir les sarcasmes de notre libéralisme impénitent.

J'ai insisté ici sur le parallélisme des deux professions, parce qu'il était naturel qu'une évolution analogue à celle de la corporation ensei-gnante s'accomplît dans le clergé. Jusqu'à la fin du XIXe siècle, l'insti-tuteur a été plus ou moins le délégué sinon d'une classe, tout au moins d'un organisme spirituel dirigeant. Le corps enseignant représentait un spirituel de gouvernement, qui eut ses évêques, son haut clergé (protes-tant !), les Buisson, les Steeg, les Pécaut. Les grands ministres de l'Ins-truction publique, opportunistes, Jules Ferry et Spuller, radicaux, Léon Bourgeois, ont fait de leurs discours et de leurs circulaires de véritables mandements, où ils tenaient le rôle de chefs du spirituel républicain. L'obligation, pour la République anticléricale, de se créer un spirituel qui lui fût propre fut d'ailleurs un des événements les plus importants et les plus remarquables de l'histoire contemporaine, un de ceux qui expliquent le mieux l'extension et le rôle de l'affaire Dreyfus.

Mais précisément l'Affaire, ici comme ailleurs, a marqué, presqu'au-tant que la grande guerre, une coupure profonde. En descendant sur la place pour la défense de la République, et pour ces Droits de l'Homme qui étaient à la base du spirituel qu'on le chargeait d'enseigner, le petit laïque, le fonctionnaire de l'Université, dut commencer par un combat contre son haut clergé, ses évêques. Les premiers universitaires dreyfusiens furent frappés. Le doyen de la Faculté des Lettres de Bordeaux, Paul Stapfer, qui appartenait à une famille protestante célèbre, ayant prononcé sur la tombe d'un révisionniste des paroles révisionnistes, fut suspendu de ses fonctions de doyen par le ministre. Et qui était ce ministre ? Léon Bourgeois. L'opportunisme des chefs fut toujours en retard d'un semestre sur le civisme de l'infanterie enseignante, du poilu spirituel. Les chefs en furent diminués. L'autorité passa à ceux qui avaient pris leur place : un Zola, un Jaurès. L'associationnisme universitaire, plus tard le syndicalisme universitaire, la liberté civique qu'acquirent pratiquement les fonctionnaires de l'enseignement, le mouvement des Universités populaires, une démocratie pratique du personnel doublant dans l'école la démocratie théorique de la doctrine, telles furent les conséquences de l'Affaire, le début d'une évolution qui n'est pas achevée, et qui inquiété aujourd'hui, légitimement, les gardiens stricts des droits de l'État.

Pendant ce temps, le clergé régulier et séculier subissait les rigueurs de lois nouvelles, l'exil et la famine, parce qu'il s'était solidarisé, par l'effet d'une vieille habitude, avec les anciennes classes dirigeantes et avec des cadres militaires dont le recrutement était resté en partie aristocratique. La loi de classe, le fait même de leur recrutement populaire, avait jeté les boursiers d'École et de Faculté (à bien des exceptions près, évidemment) du côté de la démocratie. Comment et pourquoi cette loi de classe, ce fait du recrutement populaire, n'avait-il pas joué pour les boursiers de séminaire ? D'où venait cette hostilité du peuple contre les fils du peuple, l'infanterie de l'Église ? Le roseau de l'Église allait-il se briser à son tour ? Portait-elle ce bandeau sur les yeux que ses sculpteurs donnaient jadis à la Synagogue ? De là le mouvement du *Sillon* et la démocratie chrétienne.

Et c'était le moment où, malgré l'appui que dans la circonstance leur prêta Pie X, l'autorité des évêques se trouvait bien diminuée, du fait de la Séparation. Les évêques français, de formation souvent aristocratique ou bourgeoise, et aujourd'hui à droite de leur clergé, durent employer dans leurs fonctions plus de résignation et moins d'autorité, lui laisser une marge plus grande de mouvement à gauche, soit de mouvement tout court. Le catholicisme actuel, en France, exclurait automatiquement le caractère, l'action et l'indépendance d'un Dupanloup.

« Il faut, disait un cardinal américain à M. Paul Bourget, que l'Église accepte franchement toute la science et toute la démocratie. » Laissons la science de côté. En France, aujourd'hui, il semble que, partie par conviction et partie par nécessité, l'Église ait accepté résolument la démocratie politique. Nous ne nous plaçons pas ici au point de vue des partis, mais des courants d'idées qui les portent. C'est pourquoi nous ne nous demanderons pas quel est l'avenir du parti démocrate populaire, qui d'ailleurs ne comprend pas seulement des catholiques. Disons simplement que ce qui assurerait le mieux l'avenir d'un parti populaire à base et à sympathie catholiques, ce serait sans doute un tribun laïque ou un journaliste puissant, et, s'il fallait choisir entre les deux, plutôt un tribun. Le *Sillon* a été créé par la foi et la parole d'un orateur pur, c'est-à-dire qui avait des limites assez strictes, le petit-fils de Lachaud. Un grand orateur cultivé, un nouveau Lamartine, un de Mun de gauche, un Montalembert, un Jaurès catholique, ferait pour un parti catholique populaire précisément ce que Jaurès a fait pour le parti socialiste. Si aux yeux de Jaurès la supériorité du socialisme était, selon le mot de Barrès, d'avoir un idéal, si ce ciel de l'idéal peut devenir, avec le tribun catholique de demain, ce qu'il est devenu avec Jaurès, soit un ciel politique, alors le christianisme social connaîtrait une belle carrière. Il a une jeunesse, elle attend un guide ; des cadres, ils sont prêts pour un tableau ; des hommes, il leur faudrait un homme.

V. LE JACOBINISME

L'IDÉOLOGIE RADICALE

Il y a un parti radical et un personnel radical, dont il est remarquable que, d'un côté qui compte tant de professeurs distingués, l'histoire n'ait jamais été faite. M. Jammy Schmidt, dans un livre de propagande sur les *Grandes thèses radicales*, rappelle que le mot date, en France, de la monarchie de Juillet : importation anglaise, comme le reste de la vie parlementaire. La devise de ce parti, celui de Ledru-Rollin et de la *Réforme*, pourrait être : les droits du peuple pour principe, les sociétés secrètes pour base, la conquête du pouvoir pour but. Cette devise s'est maintenue avec une certaine constance.

Mais si le parti radical a une doctrine, une politique, a-t-il une idéologie ? Représente-t-il une idée ? Quand Barres dirigeait *la Cocarde*, à un moment où, n'éprouvant qu'une haine politique, l'opportunisme, il se trouvait fort tenté par le socialisme, il déclarait ne l'être nullement par le radicalisme. Pourquoi ? Parce que, disait-il, le parti socialiste a un idéal, tandis que le parti radical n'en a pas. À quoi le chef du parti radical, René Goblet, répondit à Barrès : « Pardon ! Le parti radical a un idéal : la séparation de l'Église et de l'État ! » Les jeunes gens qui entouraient Barrès s'amusèrent beaucoup, tant la séparation de l'Église et de l'État leur apparaissait comme une vieille lune, et Goblet une bonne tête du temps des barbes. Et Barrès articula, de sa grosse voix lorraine, que c'était tout de même, à côté de l'idéal socialiste, quelque chose d'un peu court. À quelques jours de là, la femme de charge de l'ambassadeur d'Allemagne, employée du service des renseignements français, trouvait dans la corbeille à papiers de son maître les morceaux du bordereau, et le capitaine Dreyfus était arrêté. La séparation de l'Église et de l'État allait sortir de cette corbeille. Et avec elle des précisions sur l'idéal radical : l'ancienne jeunesse de *la Cocarde* vit alors que c'était sérieux.

Le radicalisme n'est pas un parti traditionaliste. Mais il peut passer pour le plus traditionnel des partis français. Il est en effet le parti de la Révolution française. Et la tradition vivante et vivace de la France d'aujourd'hui, c'est celle de la Révolution française. Est radical qui professe à l'égard de la Révolution française un loyalisme analogue à celui des royalistes pour leur roi. À droite du radicalisme, il y a les partis qui tiennent la Révolution pour une chose passée, acquise, plutôt mal que bien, et qui, tout en la supportant, ne la feraient pas si elle était encore à faire. À gauche du radicalisme il y a le socialisme, parti de la Révolution non politique, non propriétaire et non française, mais sociale, collectiviste et internationale. En Saône-et-Loire le radicalisme a été long temps le parti des disciples de M. de Lamartine (qui d'ailleurs l'avait honni dans le *Conseiller du Peuple*) : symbole de l'*Histoire des Girondins*, ce livre capital de la mystique politique française, révolutionnaire française, qui, s'il ne passe plus en torrent dans la rue, continue à goutter tenacement dans les urnes.

LE PARTI DE LA RÉVOLUTION

L a Révolution française, dira-t-on, c'est grand et c'est vague, et l'on y trouve tout, et les révolutionnaires se sont dévorés les uns les autres. Justement ! Il ne faut pas mettre dans le radicalisme, parti et pensée et politique de la Révolution, plus de précision qu'il n'y en a dans la Révolution. L'un et l'autre sont des complexes, non des idées simples. Toutes les tendances et tous les groupes de la Révolution française sont encore représentés chez nos radicaux, et s'affrontent dans leurs congrès. La psychologie des partis révolutionnaires joue toujours chez eux. M. Caillaux est un Feuillant, M. Herriot un Girondin, M. Daladier un Jacobin, et les observateurs discernent de l'hébertisme chez tels jeunes radicaux. Qui sent la vie organique de la Révolution française sent, par le même mouvement, la vie organique du radicalisme.

M. Daladier disait un jour à M. Buré : « Il n'y a plus que deux vrais Jacobins, toi et moi. — Et encore, répondit Buré, toi c'est douteux ! » On reconnaît le vrai Jacobin à ce que, de temps en temps, il se dit : « Il n'y a décidément qu'un pur, c'est moi ! » Telle fut la pensée ordinaire de Robespierre. Mais comme il y en a beaucoup qui se le disent, sinon qui le disent, comme c'est même là une pente invincible de l'idéaliste de province (ce mot reste toujours au singulier, comme le serpent de mer), soit du militant jacobin, nous conclurons que les Jacobins sont beaucoup plus nombreux que ne le croit individuellement chaque idéaliste jacobin. Nous dirons même que, si toutes les tendances de la Révolution française sont représentées dans le radicalisme, si son chef actuel nous offre une belle et riche sensibilité girondine (M. Herriot eût été, en 1793, guillotiné à Paris, ou mangé par les loups à Saint-Émilion, ou mitraillé dans la plaine des Brotteaux, puis, en 1847, canonisé magnifiquement par Lamartine), le quartier général des idées politiques radicales reste, tout bien pesé, le jacobinisme. Les cadres radicaux sont jacobins, et, bien que M. Painlevé, le Condorcet du radicalisme, nous paraisse très girondin, c'est lui qui dans un congrès radical proclamait : « Nous, les fils des Jacobins ! »)

Si René Goblet avait eu plus de jeu dans la réplique, et s'il avait vu plus loin dans le passé et dans l'avenir, il eût pu répondre à Barrès que le radicalisme tenait de la tradition jacobine deux grandes idées politiques, deux idées qui, après avoir procuré sa vie à la première République, ont fourni sa durée à la troisième : le nationalisme doctrinal et les sociétés de pensée. Le jacobinisme, c'était cela, et le radicalisme, c'est encore cela.

LE PARTI ET LA DOCTRINE DE LA NATION

Le nationalisme, dont le nom, les attitudes et les doctrines sont dus à Barrès et à d'anciens boulangistes, appartient aujourd'hui à l'idéologie réactionnaire, et, par un curieux renversement, ce mot, discrédité devant l'électeur, noté de *dextrisme* et de réaction, évité avec soin par les politiques, ne figure plus que sur le titre du journal royaliste : *l'Action française, organe du Nationalisme intégral*. Or, bien que le suffixe *isme* soit ici récent, son radical dérive d'un sentiment et d'un ordre d'idées révolutionnaire et antiroyaliste. Le nationalisme, cela signifie la politique vue sous l'angle des intérêts, des droits et de l'idéal de la nation. Et la nation distinguée du roi, puis séparée du roi, puis opposée au roi, puis héritière du roi supprime, est une idée et une création de la Révolution, ou plutôt du XVIIIe siècle, puisque Louis XV s'élevait contre elle dans le discours qu'il prononça devant le Parlement, au lit de justice appelé, pour l'énergie de ses propos, séance de flagellation. Le jour où Goethe déclara que quelque chose était changé dans l'histoire du monde est celui où des Allemands entendirent, à Valmy, ces Français qui se battaient contre eux depuis des siècles au cri de *Vive le Roi* ! pousser cette clameur insolite : *Vive la Nation* ! La nation eut ses soldats comme le roi avait eu les siens. Elle eut ses procureurs et ses légistes comme le Capétien avait eu ses légistes et ses procureurs. Depuis Philippe le Bel, la monarchie française s'était faite par ses légistes, et depuis Charles VII, par son armée permanente. La nation se fera par des légistes nationaux et des armées nationales. Le patriotisme, le nationalisme qui se formeront autour d'eux répondront à ce qu'étaient le loyalisme et le royalisme pour l'ancienne France. Entre les soldats et légistes du roi et les soldats et légistes de la nation, il n'y a d'ailleurs pas de solution de continuité technique : ce sont les solides armées royales qui ont fait le noyau des armées de la Révolution, et ce sont les dossiers des Bourbons qu'ont plaidés avec intempérance devant l'Europe, avec le canon pour huissier, les procureurs jacobins. Mais s'il n'y a pas solution de continuité technique, la solution de continuité idéologique apparaît : la nation jacobine est une nation doctrinaire, doctrinaire d'une doctrine nouvelle.

La doctrine, la voici. Nation, la France a, pour truchement et pour signe, des idées, tandis qu'avec le roi elle avait pour truchement et pour signe des personnes, personnes physiques et personnes morales. Ces idées sont celles des écrivains du XVIIIe siècle, condensées dans les principes de 1789. La nation française est une nation missionnaire, chargée d'un message. Et l'expression « Évangile des Droits de l'Homme » s'écrit couramment. Officiellement cet Évangile tient en ces trois mots : Liberté, Égalité, Fraternité. Peut-être ceux d'Égalité, Laïcité, Raison serreraient-ils de plus près la réalité du message. Quoi qu'il en soit de la précision des idées révolutionnaires (et un sentiment fort n'a pas besoin d'idées claires), l'esprit de la Révolution consiste à établir un rapport de solidarité et de fonction entre un pays et des idées, comme l'esprit de la monarchie établissait ce rapport entre un pays et un roi.

Théoricien du royalisme, Maurras n'a pas eu tort d'attacher, avec une insistance curieuse, grande importance à ce cri du vieux républicain Ranc : « Vive la France, mais la France de la Révolution, de la justice et du droit ! » et d'en tirer une théorie de la *France mais*, qu'il impute à l'esprit républicain. Cela d'ailleurs n'est pas si méchant qu'il le paraît au soupçonneux Martégal, et signifie surtout que chacune des familles spirituelles de la France, y compris la jacobine (qu'on ne peut pourtant pas tuer) a ses raisons particulières de se sentir fière d'être française : les unes en regardant la Colonne, les autres en invoquant la Révolution, et ceux-là en pensant au roi de France. Le comte de Chambord aussi choisissait, qui voulait bien être roi de *France, mais* de la

France du drapeau blanc. Et « Vive la France, mais la France A », ne signifie pas nécessairement : « À bas la France B ». Le mot de Ranc est un témoin de l'idéologie jacobine, devenue l'idéologie radicale, et du besoin français de mettre une idée comme rallonge au drapeau.

C'est ce nationalisme doctrinal qui a fait, après 1871, le fond de l'enseignement de l'histoire. Il a été défendu par tous les hommes d'État radicaux. Un des mots-clefs de l'histoire de France est ici un mot de Léon Bourgeois, à l'époque du ralliement. À des membres éminents du groupe rallié, qu'il recevait dans son cabinet, et dont il ne mettait en doute ni la bonne foi, ni la bonne volonté : « Vous acceptez la République, Messieurs, dit-il, c'est entendu ! Mais acceptez-vous la Révolution ? » Ainsi, pour le radical, il ne s'agit pas seulement de la France, mais... Il s'agit de la République » mais... La République, mais celle de la Révolution. Il y a un sens du mot de « républicain », le sens compris et senti par les masses, qui ne prend vie et force que par une acceptation profonde et quasi religieuse de la Révolution. Pareillement, il y a une critique et un refus de la Révolution qui font apparaître automatiquement au-dessus d'un parti une sorte de disque blanc, lequel signifie la réaction. Sa raison profonde du refus du drapeau tricolore, le comte de Chambord l'a exprimée dans ce mot : « Je ne veux pas être le roi légitime de la Révolution ». L'instinct radical, en accord avec un sentiment français, soupçonne toujours les « blancs », c'est-à-dire, électoralement, ceux qui s'appellent « républicains », d'un : « Nous ne voulons pas être les citoyens de la Révolution ».

Dans un pays très conservateur, très idéologique, et qui tient, par toutes ses fibres, à la Révolution française, on conçoit que les radicaux, interprètes, conservateurs, idéologues de la Révolution, représentent une infanterie, une reine des batailles de la politique, celle dont parlait M. Herriot. Le radicalisme est le parti du Français moyen. L'idée radicale la plus ancienne, la plus profonde, c'est l'idée nationale, c'est la patrie. Au moment du projet d'union douanière austro-allemande, nous avons été quelques-uns à nous trouver surpris de l'émotion patriotique qui a circulé dans les cadres radicaux. M. Herriot a écrit à ce moment ce mot émouvant et instructif, que le sentiment de la patrie était tout ce qui lui restait, à lui, de religion. Traiter aujourd'hui le parti radical d'anti-France relève d'un comique excessif.

À l'Assemblée nationale, entre les blancs monarchistes et les rouges de la Montagne, Victor Hugo, en 1851, voulut fonder le parti des bleus, auquel il se proposait pour chef. Mais Hugo n'avait rien d'un chef politique, et l'Assemblée inexperte de 1849 était plutôt extrémiste (il faut une génération entière à un régime nouveau pour que s'y forme un véritable centre). Hugo n'en est pas moins un bleu (bleu marine tandis que Lamartine serait bleu ciel), et, entre les blancs et les rouges, le parti radical reste le parti des bleus. De la Révolution à la guerre de 1914, le bleu (j'exclus ici le bleu ciel lamartinien) est chargé d'un patriotisme sous lequel on discerne facilement un nationalisme doctrinal.

La plus longue tradition radicale, et la plus dramatique, et la plus lourde de signification, qui ait été vécue par un homme politique, est certainement celle que personnifie Clemenceau, et qui va du lendemain du coup d'État, où il vit son père emmené, menottes aux mains, par les gendarmes, jusqu'à ces traités de Versailles où il vit ou fit naître pour on ne sait quels redoutables destins une Europe nouvelle. Et l'on peut, à volonté et du même fonds, appeler Clemenceau le plus grand des radicaux ou un demi-radical.

Le plus grand, parce qu'il a reçu la tradition non seulement de son père, mais des Pères du radicalisme ; le plus grand parce que seul d'entre eux il a été un grand homme ; le plus grand, parce qu'il a été chef radical et radicalement chef à trois moments capitaux de la vie de la République. Chef de la résistance au colonialisme. Chef dans la bataille des idées de la Révolution contre l'anti-Révolution au temps de l'affaire Dreyfus. Chef, enfin, le grand chef, au grand moment, dans la grande guerre. Les trois fois, ce Vendéen, ce bleu de Vendée, a figuré la Révolution française elle-même, non la Révolution jouée, comme elle l'était en 1848, par Ledru-Rollin ou Lamartine (voyez dans les *Souvenirs* l'admirable diagnostic de Tocqueville), mais la Révolution sérieuse, retrouvée, directe.

La Révolution n'a rien à faire de colonies, ni aux colonies, où sous le blanc, et quoi qu'il en ait, reparaît toujours plus ou moins le traiteur de nègres. Le Vendéen patriote, lui, dit *Non*, qui tourne le dos à Nantes et fixe les yeux sur le Rhin de 1871, comme il les fixera sur le Rhin de 1918, comme Danton, Carnot ou Cambon les ont fixés sur le Rhin de 1792. Patriote terrien et territorial de 1871, il n'a pas perdu un degré du feu avec lequel, dans l'Assemblée de Bordeaux, il a dit *Non* aux préliminaires de paix. Dans l'opportunisme colonial il a vu le masque, la monnaie et le pourboire d'un *Oui* à l'abandon de l'Alsace-Lorraine. Le radicalisme, alors, c'était le pays : le pays à qui la politique coloniale a été, contre sa volonté, imposée par des groupes d'hommes d'affaires intelligents et prévoyants.

Les idées et les hommes de la Révolution font ici bloc contre le colonialisme.

On s'est étonné du contraste entre le Clemenceau militant de l'affaire Dreyfus et le Clemenceau ministre du temps de guerre, qui, avec des procédés parfois analogues à ceux du 2ᵉ bureau, monta comme trois affaires Dreyfus les affaires Caillaux, Malvy, Judet. Nous n'avons, pour comprendre ce Clemenceau (et en nous souvenant d'ailleurs qu'il aimait immodérément la vengeance), qu'à l'appliquer sur la Révolution, et à faire coïncider les deux figures, Le même élan formule en 1789 les Droits de l'Homme et en 1793 les suspend par cette parole : « Le gouvernement est révolutionnaire jusqu'à la paix ». Le sabre du représentant est fait pour défendre les Droits de l'Homme, et ; au besoin pour les combattre. Mais si le Clemenceau de l'Affaire n'est pas continué par le Clemenceau de la guerre, il le sera, dans une certaine mesure, par le Clemenceau de la victoire. Clemenceau a bien conçu la victoire comme celle de la Révolution et des Droits de l'Homme. Il a voulu qu'elle se traduisît par cette libération : les huit heures. Il est remarquable que le ministre le plus impopulaire dans le parti et le pays socialistes ait été le créateur du ministère du Travail et le père de la loi de huit heures. Les socialistes ont moins reproché à la signature qu'à la main qui signait, individualiste et patriote.

Par son nationalisme doctrinal, son patriotisme des Droits de l'Homme, sa constante référence jacobine, sa température intacte de Révolution française, Clemenceau figurerait tout le radicalisme de la République, si la moitié précisément du radicalisme ne lui avait manqué, absolument manqué. Le radicalisme, s'il est d'abord un nationalisme doctrinal, est ensuite, peut-être surtout, ceci : les comités.

LE PARTI ET LA DOCTRINE DES SOCIÉTÉS DE PENSÉE

L e comité ou l'anti-Clemenceau. Clemenceau n'est même pas, pendant la guerre, l'homme du Comité de Salut public, puisqu'il règne seul, gouverne tout, ramasse des muets dans son antichambre ou sur les champs de course pour en faire son ministère, comme Bonaparte constitue Lebrun ou Roger Ducos en figurants consulaires. À plus forte raison, il ignore eu méprise les comités politiques, les cadres. Arthur Fontaine l'appelait le dernier homme d'État de l'Empire. Pour un radical, les élections, soit le tout de la vie politique, ce sont les comités. Pour « le premier des flics », les élections ce sont les préfets et la police. L'échec final de Clemenceau vient du même fonds que sa grandeur politique et poétique : c'est le radical sans les comités.

Or, plus encore qu'un nationalisme doctrinal destine à s'atténuer et à s'effriter par les infiltrations socialistes, ce sont les comités et les cadres qui font le radicalisme, qui soutiennent effectivement et même qui figurent formellement la doctrine radicale. Aujourd'hui cet héritage révolutionnaire est partout, la charpente de la Révolution subsiste, et ses idées circulent. Augustin Cochin, historien de la Révolution, a créé un mot qui mérite de rester : celui de « sociétés de pensée », ces sociétés de pensée dont Cochin retrouve l'eau-mère dans le cours même de la Révolution. Les sociétés de pensée s'opposent aux sociétés naturelles et aux sociétés d'intérêt, en ce que les hommes s'y réunissent pour discuter, critiquer, remuer des idées, agir par les idées. La franc-maçonnerie est le type des sociétés de pensée. Comme, dans l'ancienne France, l'Église tenait le rôle de société de pensée à monopole, officielle et unique, les sociétés de pensée durent se former contre elle et ne correspondirent guère qu'à des pensées ou à des volontés antireligieuses. Pareillement, en politique, ce ne sont pas les satisfaits de l'ordre établi, mais les mécontents, qui se groupent en sociétés de pensée. Les clubs ont été les plus célèbres des sociétés populaires, et les Jacobins le plus célèbre des clubs, et le plus puissant. Le plus puissant à cause de ses nombreuses filiales en province. À ces sociétés filles autant qu'à la société mère est dû le triomphe de la Révolution. Comités et sociétés populaires, légaux ou spontanés, ont été la seule force locale organisée, pendant de longs mois, dans un pays centralisé où les fameux leviers étaient au premier qui pouvait les saisir.

Une Bourguignonne, la chanoinesse de Chastenay, « aristocrate » incarcérée en 1793, donne dans ses *Mémoires* une idée juste de ce qu'étaient en Bourgogne (et en beaucoup d'autres pays) les comités, sociétés et clubs de la première République. Cette psychologie n'a pas cessé d'être assez exacte : « Je crois en vérité, dit-elle, que la société populaire, comme distraction et comme spectacle, était dans la plupart des petites villes ce qui attirait surtout des sectaires à l'opinion vague de la République et de la Nation. Ces honnêtes gens, instruments et dupes bien souvent, ne pouvaient cependant résister aux ambitieux de leur classe qui eussent voulu tout perdre ; et je suis convaincue que leur force d'inertie et leur force de probité ont eu dans la balance une grande influence. Qu'on se reporte au temps d'une révolution où tout était nouveau, absolu et tranché ; où le gouvernement populaire avait été mis en action dès la première secousse, par l'institution violente, mais salutaire, des comités permanents, qui partout remplacèrent toutes les autorités, et des gardes nationales qui partout maintinrent la sécurité. D'honnêtes artisans, de petits commerçants, trouvaient agréable, le soir, d'aller entendre lire tous les journaux, d'en raisonner, d'en pérorer avec leurs égaux en talent, et de se sentir partie de l'ordre politique. Plusieurs y attachaient une sorte de devoir, et bientôt les plus modérés crurent y attacher leur sûreté. Quelques phrases de journal devinrent des symboles, quelques mots vagues des arguments irrésistibles, et la bigarrure qu'offrait à cette époque la langue vulgaire dut influer sur l'incohérence des idées. »

Évidemment, les sociétés populaires de pensée, de contrôle et d'action avaient toute une éducation à faire. Mais nous sommes loin ici du Jacobin croquemitaine de M. Taine. Ébranlées par la réaction thermidorienne, refoulées dans le néant par la police de l'Empire, les sociétés de pensée ont reparu dès 1815 sous forme de sociétés secrètes. À Paris elles ont contribué à la Révolution de 1830, elles ont fait la Révolution de 1848. Elles ont connu, au 2 décembre, un nouveau Thermidor. Mais la police impériale, malgré son habileté, n'en vint pas à bout. La République conservatrice les fixa d'un regard triste, sans employer la force. Et le phénomène corrélatif de la *Fin des Notables* fut la *Formation des Cadres* par ces sociétés de pensée, dont le génial commis voyageur s'appela Gambetta.

Elles donnent sa température et son mouvement au radicalisme. Le radicalisme, par ces intermédiaires, a hérité de la Révolution et la forme des sociétés de pensée, et la matière que pensent ces sociétés, et la ligne de leur action politique.

La marche politique à gauche, l'*À gauche par quatre* ! du mouvement républicain, réussit parce qu'elle est encadrée. Mais les cadres eux-mêmes réussissent parce que, comme il convient à des cadres, ils font de l'ordre, de la pondération, de la conservation. Tocqueville voyait dans le suffrage universel une force conservatrice. En tout cas, les cadres du suffrage universel sont des cadres conservateurs. Les comités radicaux et socialistes, à l'intérieur des partis, fonctionnent plus encore comme freins que comme moteurs, ainsi que Mme de Chastenay le remarquait des comités révolutionnaires. Comme les mers au regard des terres, ils s'échauffent et se refroidissent plus lentement que les personnalités dirigeantes. Ils marquent un retard sur les individus. Dans l'horlogerie politique, ils ressemblent davantage au Sénat qu'à la Chambre, ils sont les sénaticules de la petite démocratie locale.

De là la supériorité du républicain à la Clemenceau sur le républicain de comités quand il faut agir, vouloir prendre les responsabilités. Brisson, qui était révisionniste dès avant la découverte du faux Henry, prolongea de deux ans l'agitation de l'affaire Dreyfus parce qu'il n'osa prendre de décision sans être sûr de l'avis des cadres (maçonnerie, conseils généraux, vieux républicains), alors violemment antirévisionnistes. Ajoutons que son ministère comprenait trois vieux radicaux de sa formation, et, pour deux d'entre eux de sa génération, Sarrien, Lockroy, Bourgeois.

Cet état-major, issu de l'école des cadres, laissa passer les quarante-huit heures pendant lesquelles tout le monde, à Paris, de l'aveu de Lemaître, acceptait la révision. Le seul radical autoritaire du cabinet était Cavaignac : petit-fils d'un conventionnel jacobin, fils du général des journées de juin, il avait (sans jeu de mots sinistre) l'autorité dans le sang. La tradition militaire de sa famille, l'ambition de succéder à Félix Faure, l'orgueil surtout, firent de lui l'obstacle, alors tout-puissant, à la révision.

Le vrai chef révisionniste, ce fut l'autre radical autoritaire, l'autre républicain formé par l'opposition à l'Empire c'est-à-dire par l'Empire, Clemenceau. Devant les hésitations et les prudences du radicalisme de comité, Clemenceau demandait dans son journal si Brisson était plus lâche que bête ou plus bête que lâche. Brisson n'était ni l'un ni l'autre. Simplement il ne concevait que la République des cadres et par les cadres, tandis que Clemenceau, qui avait inventé Boulanger, et à qui il était réservé d'être lui-même le général ou plutôt le conventionnel Revanche, ne la sentait et ne la vivait que sous sa forme autoritaire. L'opposition de Clemenceau et de Jaurès eut en partie la même origine. Jaurès répugnait au rôle d'individualité sans mandat : son milieu, c'étaient les congrès du Parti, la vie du Parti, les oreilles du Parti, le dialogue avec le Parti, l'appel constant aux militants, les sollicitations des initiatives des militants, la lutte avec Guesde pour le championnat du socialisme français, avec Babel pour le championnat du socialisme européen. Quand, au 11 mai 1924, les cadres radicaux et socialistes, derrière leurs deux chefs normaliens, Herriot et Blum, enlevèrent le pouvoir, Clemenceau, à qui un journaliste alla demander son opinion sur le nouveau ministère, se contenta d'écrire sur un papier o + o + o = o. C'était l'opinion naturelle à un proconsulaire sur les hommes des cadres. Notez que son opinion sur l'Académie, qui d'un vieux cadre, venait du même fonds, se résumait en un : « Comique ! Très comique ! » et qu'il fut académicien comme il était radical, en refusant la figuration et ce que M. Teste appelle la marionnette.

D'autre part, la vie politique de la France est commandée par ce fait qu'il n'y a de vrais comités qu'à gauche, radicaux et socialistes. Partis des comitards, dit-on à droite. Soit ! Entendons parti du raisin trop vert et bon pour les goujats. Les organisations de droite ont fait ce qu'elles ont pu pour créer de vrais comités. Elles ont toujours échoué. C'est qu'à droite on va des idées et des hommes aux cadres, alors qu'à gauche on va des cadres aux idées ou aux hommes.

Cercles catholiques d'ouvriers d'Albert de Mun, Action Libérale Populaire de Jacques Piou, Patrie Française de Barrès, Lemaître et Cavaignac, Action Française de Charles Maurras, ont formé des mouvements, des groupes autour de grands noms ou de grandes idées. Leurs initiateurs n'ont jamais réussi à créer des sociétés de pensée, des blocs vivants et durables, de militants. Première raison : à droite, une société de pensée sera plus ou moins une ombre ou timide ou fantaisiste de la grande société de pensée qu'est l'Église catholique (la condamnation de l'*Action française* montre quel sort attend à droite une société de pensée qui n'est pas assez catholique pour éviter les censures et qui l'est trop pour n'être pas grièvement blessée par elles). Deuxième raison : ces sociétés de pensée politique ne pourraient agir sur la démocratie que par une organisation démocratique. Or leur organisation est toujours monarchique ou aristocratique. La règle du jeu de leurs congrès est que le brigadier y ait raison. Les congressistes n'y viennent pas pour discuter, mais pour entériner. Il ferait beau voir qu'un indépendant critiquât les directives des chefs ! Le militant moyen y trouve la même atmosphère que trouve l'actionnaire à l'assemblée générale d'une société. Précisément, à l'époque de la Chambre bleu-horizon et du triomphe des Intérêts, cette expression était à la mode : la Société France, le bilan de la Société France. Peau de lion fallacieuse, d'où pointait le bout de l'oreille : cette société gouvernée, comme toutes les sociétés, par un Conseil d'Administration, l'actionnaire indiscret sidéré et liquidé, comme il se doit, par un président qualifié. D'un certain point de vue, et depuis qu'on ne vote plus pour ou contre l'Église, l'opposition droite et gauche s'établit entre l'esprit de société économique et l'esprit de société de pensée. Nous vivons aujourd'hui, comme on dit, sous ce signe.

La différence entre un congrès politique de droite et un congrès politique de gauche est frappante. Un congrès de droite est une assemblée de gens corrects, bien élevés, où tout se passe avec cordialité et distinction. Elle est dépourvue de ce comique provincial, en long et en large, sur lequel, lors des congrès radicaux et socialistes, les journalistes et les caricaturistes de droite n'ont qu'à se baisser pour en ramasser autant que leur en commandent leurs patrons. Et pourtant, même auprès des journalistes de droite, il n'y a que les congrès de gauche qui fassent recette. Un chef de droite, M. de Kérillis, qui gémit sur cette situation et qui cherche à y remédier, mais qui, enfin, comme journaliste, doit se soucier de ce que lit de préférence son public, se voit obligé, dit-il, de donner dans son journal, aussi de droite, la page-vedette et les images, et les envoyés spéciaux, au congrès radical, tandis que les congrès du bon parti doivent, dès le second jour, passer en quatrième, « entre le cours des colzas et le compte rendu des séances de l'Académie des Inscriptions et Belles-Lettres ». Au contraire, les congrès qui portent la marque des sociétés de pensée sont de petits Parlements, où des adversaires s'affrontent, où les tendances diverses se font jour, — et surtout où le militant n'est plus l'actionnaire innocent et passif, où le militant compte, où le militant discute, où le militant milite.

LES DEUX RADICALISMES

On comprendra dès lors comment le drame intérieur, et en somme la vie du radicalisme, sont faits de l'antagonisme entre deux directions jacobines contraires, deux filles ennemies de la société-mère. D'un côté, le tempérament autoritaire, centralisateur, le patriotisme militant, le dossier de légiste, tout ce qui s'épanouit pour le Jacobin dans sa fonction de représentant en mission sous la République, de préfet sous Napoléon : Merlin, Jean Bon, Fouché. De l'autre côté, le comité, le club, la cellule politique constituée par les bons citoyens de chaque localité, réunis en société fermée, correspondant entre eux par la société-mère : Robespierre. Bien que les deux natures s'équilibrent comme elles le peuvent dans le radical moyen, ainsi qu'elles le faisaient dans le jacobin moyen, on n'en distinguera pas moins, chez les chefs, deux types divergents de radical : le radical de proconsulat et le radical de comité.

Dans son *Tableau politique de la France de l'Ouest*, M. André Siegfried a rencontré, au cours de son étude sur le terrain, ce type du radical proconsulaire ; il n'a pas eu de peine à montrer qu'il était à peine besoin de gratter le radical proconsulaire pour trouver le radical consulaire. Le front de l'empereur ne tarde jamais à briser le masque étroit du consul. Une part notable de tempérament et d'idées radicales vient relayer par là le tempérament et les idées bonapartistes. C'est Bonaparte qui, comme général de l'armée de l'intérieur, ferma la dernière salle des Jacobins, et on nous dit qu'il emporta la clef dans sa poche. Cette clef devint une pièce maîtresse dans ce trousseau de fer d'une maison bien tenue que les Bonaparte aimèrent exhiber à leur ceinture. Comme la monarchie ce sont les notables, l'Empire ce sont les préfets. Le bâton de maréchal d'un radical proconsulaire consiste à être ministre de l'intérieur — soit le chef de la police, — ou ministre civil de la guerre — soit représentant en mission stabilisé. Ce furent les deux seuls ministères qu'ambitionna et que posséda Clemenceau. On tirerait, non de ses livres filandreux et morts, mais de tant d'admirables discours, une idéologie saisissante du radicalisme proconsulaire. Il était réservé au dernier homme d'État du second Empire de venger Sedan. Retenons ce mot de l'impératrice Eugénie sur Clemenceau à M. Stead, vrai cri du cœur d'une Bonaparte : a Pourquoi ne se fait-il pas consul ? »

La fin de Clemenceau témoigne que le radicalisme des comités, appuyé par la province, par la tradition du parti, par les cadres, a de plus en plus expulsé de ce parti, depuis la guerre, le radicalisme proconsulaire, La personne de son chef compte ici pour beaucoup. Il est curieux que M. Herriot, dont le tempérament démocratique apparaît à tous les yeux, et qui fait à Paris de la politique démocratique en démocrate, à Lyon de l'administration démocratique en démocrate, M. Herriot, la démocratie même, tenu pour tel par les militants, tirant de là son prestige et sa force dans son parti, ait succédé, dans la mairie de Lyon, à un administrateur également remarquable, mais type même du radical proconsulaire, et que Lyon ne connaissait que sous le nom de « l'Empereur » : Augagneur. À mesure que se sont développés la vie du parti, le contrôle des militants, que les congrès ont acquis un pouvoir presque constituant, le radicalisme proconsulaire a décliné, et la confiance des cadres est devenue la seule valeur radicale durable. Le radical proconsulaire a cherché un refuge ou un poste d'attente derrière l'étiquette de radical indépendant. Indépendant de quoi ? Des comités, des cadres. Dépendant, vous le pensez bien, d'autre chose. Le statut parlementaire de l'indépendant, l'opposition de l'indépendant, c'est un aspect de la vie politique d'aujourd'hui qui ne rentre pas dans notre propos. Nous avons voulu seulement repérer deux courants d'idées politiques tantôt conjoints et plus souvent contraires, nés égale-ment du jacobinisme et des nécessités politiques de la Révolution française, et qui, nourris par l'histoire politique du XIXe siècle, ont pu encore donner aux hommes et aux choses du radicalisme une figure vivante.

Les cadres ont leurs travers et leurs ridicules. Mais il faut reconnaître en eux la respiration même d'une démocratie. Ils sont seuls, avec la presse, à représenter le citoyen contre l'État, à constituer une puissance organique de contrôle, autre que cette poussière de puissance qu'est le bulletin de l'urne. Le comité, c'est le contrôle, ou, si l'on veut, une part de contrôle, un peu de contrôle. L'anticomitard parisien fait plus ou moins le lit du césarisme. C'est sans doute un de ces anticomitards qui, lorsque Paul Desjardins créa l'*Union pour l'Action morale*, disait à Faguet : « Très dangereux, cette machine que fonde Des jardins ! Cela va créer des embarras au gouvernement ! » Tous les citoyens qui se groupent en sociétés de pensée créent des embarras au gouvernement, et l'Empire avait pour principe de ne pas se laisser embarrasser. Il est vrai que lorsque, au lieu de contrôler, les sociétés de pensée, les comités, les cadres, prétendent régenter, césariser, ils le font lourdement et grossièrement. On l'a vu au temps du combisme. Pareillement quand ces sociétés de pensée deviennent des groupes d'intérêts matériels : ce qui se passerait si les cadres se laissaient eux-mêmes encadrer par les syndicats de fonctionnaires, noyauter par les salariés de l'État. Ce danger possible ne proviendrait pas des cadres, mais bien au contraire de leur relâchement, de leur apathie, de la carence intérieure qui les livrerait au Bernard-l'Ermite.

L'IDÉE RADICALE

Cette société de pensée qu'est le comité politique, ces réseaux de sociétés de pensées qui fonctionnent à gauche, qui sont le pays de gauche, quelle pensée supposent-ils donc ? Car, pour faire une société de pensée, il faut une pensée, il faut même des penseurs. Quel est le contenu des idées politiques du radicalisme, et que pensent les sociétés de pensée ?

Pratiquement, par sociétés de pensée, il faut entendre sociétés de libre pensée. Les sociétés de pensée se conçoivent en fonction de l'Église. Ce n'est pas un hasard si leur nom leur vient de droite, du côté traditionaliste, si elles ont été baptisées et étudiées par un fils éminent de Denys Cochin. Leur vie est liée à celle de leur éternelle adversaire. À commencer par la plus forte et la plus ancienne d'entre elles, la franc-maçonnerie, elles élèvent autel contre autel : leur autel fut dressé contre le trône tant qu'il fut plus ou moins solidaire de l'autel. Elles prospèrent dans les temps de lutte religieuse. Elles languissent dans l'apaisement. L'esprit nouveau de Spuller fut pour elles un coup de foudre dans un ciel serein. L'affaire Dreyfus eût été leur âge d'or, si elle ne s'était terminée par la séparation de l'Église et de l'État, qui leur retira le curé de la bouche et les contraignit à une vie plus ralentie. Il existait au début du XXe siècle une *Association des Libres Penseurs de France*, dont les adhérents, en province, étaient très nombreux, et dont l'organe officiel, *la Raison* de l'ex-abbé Charbonnel, connaissait d'énormes tirages. Dans des milliers de communes avait lieu un « banquet du Vendredi dit Saint » où l'on se vengeait du cléricalisme sur la charcuterie ; il a complètement disparu. Et le militant libre penseur, le lanternier, l'apôtre cantonal de la raison, le lieutenant de louveterie officiel de la chasse à l'homme noir sorti de dessous terre, sont des types révolus.

De là une crise apparente des idées radicales. Mais tout de même, peut-on parler bien sérieusement de crise d'un parti, quand ses idées sont passées dans l'inconscient et l'automatisme d'un pays, quand il a épuisé son programme ? Le pays républicain a donné une preuve de sa sagesse et de sa mesure en ne poursuivant pas la lutte anticléricale après la séparation, et voilà tout, dira-t-on. Le parti radical, l'infanterie victorieuse, n'a plus qu'à défiler sous l'Arc de Triomphe, du triomphe de ses idées.

Seulement il y a ceci. Toutes ces sociétés de pensée, qui, en pensant, donnaient ses idées, son Idée, au parti radical, elles ont pu s'atténuer, pâlir, disparaître plus ou moins dans leur succès et par leur succès. Mais il est une société de pensée qui demeure, — une société de pensée toujours à pied d'œuvre pour la lutte de pensée contre l'Église, — une société de pensée faite d'une milice de cent mille hommes et femmes formes dans des séminaires sous une direction unique, et, pour la grande part d'entre eux, animés du même esprit : l'École laïque.

L'École laïque des maîtres. Mais les enfants qu'élève l'école forment eux aussi, par position, une société de pensée. La vie sociale exclut l'enfant des sociétés d'intérêt, où il n'a rien à faire, et l'école l'inclut dans une société de pensée ; l'école oblige, en l'enfant, l'homme à faire un stage dans le genre de vie d'Ampère ou de Michelet avant de lui ouvrir le genre de vie de l'agriculteur, du commerçant et du fonctionnaire. Franc-Maçonnerie, Ligue de l'Enseignement, Association des Libres Penseurs, Universités populaires, on voit toutes les sociétés de pensée qui ont fait ou défendu la République radicale converger vers l'École, et ces fleuves se perdre dans cette mer.

Nous saisissons alors comme une réalité authentique et forte cette laïcité qui tout à l'heure nous fuyait, et que nous étions tentés d'abandonner aux facéties de la presse tortonisante. Si l'on entend par la célèbre laïcité la suprématie du pouvoir laïque dans l'État, personne ne le conteste efficacement, et l'on enfonce une porte ouverte. Pareillement si l'on y voit la neutralité religieuse du gouvernement et de ses fonctionnaires. Le langage courant et populaire nous avertit mieux ici que les truismes de la basoche parlementaire. Il n'emploie ce mot : laïque, qu'à une seule occasion : quand il s'agit de l'école. L'école laïque, ou la laïque, c'est l'école de l'instituteur et de l'institutrice. On dit la laïque, quand il y a une concurrence de Frères ou de Sœurs, et l'école tout court, quand il n'y en a pas. En dehors de cet usage, le mot « laïque » appartient : 1° au langage officiel de l'Église pour désigner ce qui n'est pas clerc, comme on appelle civil ou pékin ce qui n'est pas militaire, et il ne dépasse guère l'enceinte des conférences de curés ; 2° au *schibboleth* de l'enceinte parlementaire, où il fait office de mot-traquenard, comme le pouvoir prochain des *Provinciales*, et d'où il n'arrive pas à franchir le bassin du Luxembourg ou les artichauts de Madier de Montjau. Mais pour le peuple, qui pense vivant et parle vivant, le *laïque* c'est l'instituteur, comme le *clérical* c'est le curé.

C'est seulement dès qu'il s'agit de l'École que la laïcité importe, devient vivante, urgente. La laïcité est la défense et illustration de l'École laïque, dans son personnel, dans ses traitements, dans son programme, dans son progrès et dans son idéal. Les Congrès de renseignement primaire se plaignent toujours que la laïcité ne soit pas défendue, comme les Assemblées du Clergé se terminaient régulièrement par des vœux pour l'extinction de l'hérésie et la protection de l'Église. La laïcité apparaît alors comme le système complet d'une société de pensée, Il ne s'agit nullement de la neutralité en matière religieuse. Il ne s'agit même pas d'un intérêt politique à soutenir : les congrès des radicaux et des socialistes enregistrent les plaintes contre les institutrices catholiques, les Davidées, qui ne les menacent pas électoralement, mais jamais contre les instituteurs communistes, leurs ennemis politiques à tous deux. Il s'agit bien d'un intérêt d'idées, et nous nous trouvons sur le plan d'une société de pensée. La laïcité vraie, la laïcité de derrière les têtes, ne consiste pas dans la laïcité de la société, qu'on ne conteste plus, et dont la défense est déclassée comme un fort de Vauban. Elle consiste dans la volonté de faire progresser l'école laïque contre l'école chrétienne, c'est-à-dire un système d'idées contre un autre, un système d'idées qui prend pour tableau la référence au monde

extérieur, contre un système d'idées qui prend pour tableau la référence au monde intérieur. Cette laïcité eut même sa théologie : la
sociologie à forme talmudique de Durkheim, fils de rabbin, laquelle
parut prendre, un moment, la figure d'un thomisme pour séminaires
rationalistes.

Que le parti radical ait des idées de politique sociale, une bonne
volonté de politique sociale, on ne saurait le nier. Que, patriote et pacifiste, il ait des idées en matière de politique internationale, on ne le
contestera pas davantage. Les commissions et les rapports de ses
congrès concernent tout le tour de l'horizon politique. Et il s'offre aux
électeurs avec des affiches pleines. Mais en aucun de ces ordres il n'apporte d'originalité. Parti de gouvernement, il pratique un sage opportunisme de politique sociale. Son programme réformiste est fait de
pièces et de morceaux quêtés, se confond avec celui des démocrates
populaires en une sorte de droite socialiste. Héritier du patriotisme
jacobin, il ne nourrit évidemment aucun dessein agressif, il ne désire
que la paix, mais la paix avec le *statu quo* des traités, et le panache de
quelque suprématie morale française ; il est même devenu colonial, et
ses hommes politiques ont le goût des vice-royautés. Extérieurement il
ne s'élève plus au-dessus d'un arbitrage entre le nationalisme de droite
et le pacifisme d'extrême-gauche. Au contraire, comme représentant
de l'idée laïque, il est seul, il est tout, et les socialistes, pour leurs intérêts électoraux, ont beau surenchérir : ils sont ici à sa remorque. L'idée
laïque fournit à ses congrès la question vivante, le rapport annuel
vivant.

Pourquoi, au 11 mai 1924, le Bloc national a-t-il été battu par le
Cartel ? L'occupation de la Ruhr, l'outrecuidance des Intérêts, le
double-décime, en donnent-ils les principales raisons ? On pourrait le
discuter. Il est une cause qu'on a mal vue, parce qu'elle a fonctionné en
haut, chez les chefs, au moyen des cadres, et qu'elle a agité les comités
électoraux bien plus que les électeurs. Des promesses avaient été
reçues, dans le Bloc national, par les catholiques, au sujet de la proportionnelle scolaire ; en cas de succès du Bloc aux élections, la proportionnelle eût été introduite à l'ordre du jour de la Chambre,
probablement votée, quitte à chercher une monnaie d'échange pour
triompher des résistances du Sénat. La loi très libérale sur les pupilles
de la nation permettait aux catholiques des espérances. La proportion-

nelle scolaire ! les écoles religieuses subventionnées ! Il n'en fallait pas davantage pour alerter la défense républicaine, faire circuler électriquement dans les loges, les comités, les cadres, un : « Tout le monde en bas ! » et remonter le Cartel où, comme au temps de l'affaire Dreyfus, sonnait l'heure de la République. Elle sonna clair comme un chant de coq. Le cœur battit à gauche. Selon l'usage, une action répondit à la « réaction » : à la proportionnelle scolaire, l'École Unique.

Telle est l'idée propre au radicalisme d'aujourd'hui. Il y a une école primaire laïque, gratuite et obligatoire. Il y aura demain une école secondaire laïque, gratuite et sélectionnée. La gratuité, qui gagne chaque année une classe de plus, n'est pas une fin, c'est un moyen.

L'école unique porte la marque exclusive et originale de l'esprit radical. Elle se réfère exactement à la tradition de la Révolution française, créatrice de ces Écoles du Gouvernement, dont le prestige sur la bourgeoisie a été au XIXe siècle si puissant, et les destinées si brillantes. On ne s'étonnera point que le champion et le père nourricier, sinon naturel, de l'école unique, soit un éminent boursier normalien, M. Herriot, promu dans l'élite par la bourse et l'École normale, et qui milite pour ouvrir largement au peuple la porte qui fut entrebâillée pour lui. Ce radical a opté pour le boursier, comme le traditionaliste Barrès opte pour l'héritier, tous deux portés par leur passé et leur fortune avec une égale sincérité, et, du côté de M. Herriot, évidemment avec plus de générosité. Il est vrai que devant un phénomène qui n'est ni héritier, ni boursier, mais Auvergnat, comme M. Laval. M. Herriot restera désemparé. Il y a dans un conte de Mark Twain un bouledogue qui est invincible, parce qu'il a un coup foudroyant pour saisir son adversaire au gras de la patte gauche de derrière. Il rapporte ainsi beaucoup d'argent à son maître. Jusqu'au jour où il tombe sur un chien amputé de la patte gauche de derrière, devant lequel il demeure stupide et qui le bat sans résistance. C'est ainsi qu'en vingt ans de vie parlementaire, M. Herriot ne resta court qu'une fois, devant un : « Moi, je n'ai pas eu de bourse ! » de M. Laval. Dans trente ans les exclus de l'école unique mèneront peut-être la vie dure aux inclus : à l'aristocratie des concours ne sera-t-il pas plus difficile de se faire aimer qu'à l'aristocratie de la fortune, et qu'à l'aristocratie de naissance ? Stuart Mill avait trouvé pour la première le nom de pédantocratie, et on estimera sans doute un jour qu'un sage équilibre de toutes trois aura fait son meilleur climat à la civilisation française. Mais enfin, comme la mystique héritière, la doctrine, la philosophie et la politique de l'héritage, fournissaient au nationalisme social de Barrès la notion vivante et vécue de la société de sang, calquée sur la famille, ainsi la mystique boursière installe nos professeurs politiques en plein centre et en pleine condition d'une société de pensée, de cette société de pensée qu'est l'école, qu'est par position toute école. De même que l'école laïque oppose sa conception du monde à celle de l'école religieuse, de même l'école unique oppose sa conception de la société à celle de la bourgeoisie. Prenant au mot le Barrès des *Déracinés* et le Bourget de l'*Étape*, posant les problèmes et comme eux et contre eux, elle entend substituer à l'hérédisme et au familiarisme de ces traditionalistes le principe du droit de l'enfant, de l'individualisme puéril (je ne dis pas un puéril individualisme, je le prends très au sérieux), et au privilège familial du rang et de la fortune acquise le privilège personnel de l'aptitude à apprendre, de la facilité scolaire, de l'intelligence discursive, et des succès aux examens, tels que les a connus M. Herriot. Après tout, la civilisation chinoise s'est maintenue pendant des millénaires par l'examinocratie. Sait-on jamais ce qui réussira ? Tout de même oui : on sait que c'est rarement ce qui devrait réussir.

Émanation, loi et forme même de la société de pensée, l'école unique demeure la chose et le but de sociétés de pensée, comités radicaux et loges. Elle n'a jamais été réclamée par les citoyens, elle reste indifférente au Français moyen, dont les sociétés de pensée font le bonheur sans le consulter. Je ne veux pas dire d'ailleurs que le Français moyen lui soit hostile. Il ne sait pas bien ce que c'est. Jusqu'à présent, dans l'école unique il voit surtout le lycée gratuit. Le bourgeois, habitué à payer pour l'éducation de son héritier, et dont l'économe refuse aujourd'hui l'argent, demeure pantois devant ce geste superbe. Il sait d'ailleurs qu'on le rattrapera au tournant et que les primes dites gratuites que lui donne son épicier ne sont pas nécessairement une preuve de munificence. Mais enfin c'est toujours une tasse à déjeuner ou une pince à sucre qui vous tombent, et qu'on n'a pas le sentiment de payer. L'école unique, grande pensée d'en haut, il semble qu'elle soit plus nécessaire à la vie normale du parti radical qu'à la vie normale du pays radical. On dirait un produit de remplacement destiné à faire l'intérim entre les luttes religieuses qui étaient hier la raison d'être du parti, et celles que des imprudences de droite et sa bonne étoile lui ramèneront, espère-t-il, plus tard. En 1916 un colonel disait : « Ah ! vivement la fin de la guerre, pour qu'on la retrouve, la vraie vie militaire — ?! — Je dis la vraie ! les revues, quoi ! l'astiquage, les manœuvres, l'Annuaire régulier, tout le tremblement ! » Depuis la séparation, avec le *Sillon*, le clergé démocrate, la condamnation de l'*Action française*, il semble que la vie anticléricale normale des sociétés de pensée soit ralentie, ou suspendue.

Il est possible que je charge un peu. Retenons simplement un décalage entre les cadres du parti et les libres électeurs du parti, entre les idées et les hommes. Les idées sont celles d'une société de pensée, — et les hommes sont des hommes. Entre le cadre d'idées et l'homme vivant, une démocratie voisine, la démocratie suisse, peut-être la vraie démocratie, possède un intermédiaire, qui est le référendum. Le référendum contraint l'électeur à manifester ses idées en détail, à voter sur des choses. Or le référendum est aussi étranger et aussi indifférent à notre démocratie traditionnelle que le suffrage féminin. Il n'intéresse pas. Il y a déjà longtemps, un de mes amis se présentait comme candidat modéré, réactionnaire si l'on veut, dans une circonscription du Jura, et son programme comportait : « Le référendum, comme dans le libre pays de Suisse ! » Aux électeurs de Voiteur, où il tenait une réunion, ce mot parut insolite, et il dut s'expliquer. Le maire du pays, un brave homme, aujourd'hui sénateur, se tenait au milieu des électeurs comme une citadelle vivante, et, quand il eut ruminé toute l'explication en sa tête, il dit : « Mais c'est l'enquête du *commodo* ! » Cet homme de bon sens avait raison. Le référendum n'existe que dans la vie communale, quand il s'agit d'établir une industrie malodorante, et que la municipalité demande aux voisins s'ils accepteraient ce voisinage. Le bistrot, qui voit la clientèle, dit *commodo*, et le retraité, qui greffe des roses, dit *incommodo*. Cela ne va pas plus loin. Que le peuple puisse se prononcer directement sur des questions politiques et sociales, cette éventualité est exclue des mœurs politiques françaises depuis les plébiscites de Napoléon III. Le protocole républicain est celui-ci : cadres, électeurs, Parlement, loi. Le citoyen est alors soumis à la loi, non la loi au citoyen. Ainsi le citoyen subit aujourd'hui une loi, qui, préparée par les cadres et faite par le Parlement, eût été repoussée en France, si elle eût été soumise au référendum, comme elle l'a été en Suisse : c'est la loi des assurances sociales. L'école unique passerait-elle au référendum ? C'est extrêmement douteux.

Reconnaissant que ses électeurs n'eussent pas voté la loi des assurances sociales, que lui-même a votée, l'éminent député radical de Castelnaudary, aujourd'hui membre du gouvernement, M. Mistler, écrivait l'autre jour qu'après tout il n'avait pas de préjugé contre le référendum. Il vaudrait la peine que la question fût posée devant l'opinion publique. Les partis de gauche le repousseront toujours, et, même si le référendum traversait les barrages de la Chambre, il serait fauché devant les chaises curules du Luxembourg par les gardiens de la doctrine républicaine. Non seulement comme rappel insidieux du régime plébiscitaire, mais parce que le référendum disloque les cadres, affaiblit les sociétés de pensée, de même que la lecture directe de la Bible, au XVIe siècle, affaiblit l'Église catholique. Le référendum, autochtone dans la Suisse protestante, est une manière de protestantisme de la politique. Si le radicalisme est le parti du Français moyen, si, comme me le disait Barrès, la France est probablement radicale, c'est que, dans un pays catholique, le jacobinisme trouve précisément autant de points d'attache que le bolchevisme en a trouvé en pays tsariste. L'un ne s'explique pas sans l'autre, l'un est le rayon réfléchi de l'autre.

On peut dès lors reconnaître ce qu'il y a d'également vrai, et aussi d'un peu limité, dans les deux mots de Barrès, le jeune Barrès de 1893 qui, dans son bureau de *la Cocarde*, écrivait : « Le parti radical n'a pas d'idéal », et le Barrès, toujours jeune trente ans après, en 1923, qui disait dans son salon de Charmes : « La France est radicale. » L'idéologie radicale correspond moins à un idéal de la France qu'aux idées moyennes de la France dans ses pays de moyenne et de petite propriété, qui forment la part majeure de la terre française, et qui sont imprégnés de l'esprit de la Révolution française : diffusion de la propriété, petit bien-être pour tous, méfiance à l'égard des anciens ennemis de la Révolution, le prêtre et le noble, confiance dans le défenseur local de la propriété, le légiste, et dans le représentant des lumières, le maître d'école, formation de sociétés de pensée par lesquelles s'organiseront, dogmatiseront, agiront des idées de légiste et de maître d'école. Il est remarquable que le grand mouvement des *Politiques et Moralistes* de 1815 à 1915, qui a fourni la plus grande partie de leur idéologie au traditionalisme, au libéralisme, à l'industrialisme, au catholicisme social, au socialisme, ait si peu touché jacobinisme et radicalisme, qui pensent par cadres, et qui acceptent mal les individualités sans mandat. Un Proudhon, si Français moyen, si impossible en un autre pays que le nôtre, du seul fait qu'il a des idées originales et qu'il ne pense pas en série, est classé par l'opinion parmi les socialistes, qu'il détestait. Alain, qui n'est pas encadré, n'a jamais été accepté par les radicaux comme leur doctrinaire. Et pourtant le radicalisme ne s'explique pas sans un oxygène proudhono-alanien : *la Justice dans la Révolution et dans l'Église, les Éléments d'une doctrine radicale* sont les deux livres qu'il faudrait faire lire à un étranger pour lui éclairer le mot du Barrès de 1923.

Radicalisme, jacobinisme, les deux termes ne prennent vie et force que par l'intermédiaire de la société de pensée, et les radicaux ont raison de dire, comme auraient pu le dire les jacobins : « Nous sommes un parti d'idées ». Mais aussi ces idées restent des idées de parti. Elles tirent leur valeur et leur efficace de l'adhésion d'un parti, et de leur adhérence à un parti. Elles constituent pour des sociétés de pensée, pour des comités électoraux, un mot d'ordre et une ligne de conduite faciles. Elles sont simples, logiques, pratiques « L'affinité naturelle des idées du petit intellectuel avec les idées ou les intérêts du petit propriétaire leur donnent un goût de terroir : c'est un produit de la vie française. Et la réaction contre elle est aussi un produit de l'intelligence française, en défiance, comme chez Taine, contre sa pente naturelle de facilité.

L'autre jour, à l'Union pour la Vérité, M. Benda terminait une discussion sur son *Histoire* (en somme jacobine) *des Français* par cette conclusion, qui résumait sa pensée et passa sans encombre : « La France est une victoire de l'abstrait sur le concret ». Évidemment, il y aurait beaucoup à contester d'une telle définition. Mais on peut en retenir ceci, que la vie politique française comporte une mise en présence et en conflit de l'abstrait et du concret, que le radicalisme jacobin, qui touche au concret par son zèle pour les intérêts du petit propriétaire, triomphe électoralement par un système d'abstractions, en sympathie avec les habitudes de pensée du petit intellectuel.

Les idées sinon élaborées, du moins contrôlées et discutées par les sociétés de pensée, cet abstrait en voie de progrès par ce concret, M. de Fels leur a donné le nom d'École dirigeante. Oui. Mais autant qu'école dirigeante, direction par l'école. Si, sous les courants d'idées que nous avons jusqu'ici passés en revue, on cherchait à établir le plan où chacun d'eux trouve le meilleur de son jeu, son atout propre, on le verrait, pour le traditionalisme dans les lettres, pour le libéralisme dans la conversation des honnêtes gens, pour l'industrialisme dans les intérêts, pour le christianisme social dans l'esprit de l'Évangile, et pour le radicalisme jacobin dans l'École laïque.

Jacobin... Quand il s'agit de l'École, la Gironde disparaît, et, chez les radicaux, le jacobinisme est seul, le jacobinisme est le maître, l'école dirigeante dirige. Le ministre doctrinaire le plus éminent qui ait gouverné l'Instruction publique, Léon Bourgeois, était un homme politique supérieur, l'esprit le plus libéral et le plus délicat, de climat girondin, comme M. Herriot. Dès qu'il pense et parle école, la pure doctrine jacobine apparaît. Il pose en préface à son *Éducation de la Démocratie* ces axiomes : « Une société ne saurait vivre dans la sécurité et dans la paix, si les hommes qui la composent ne sont pas unis et comme volontairement disciplinés par une même conception de la vie, de son but et de ses devoirs. L'éducation nationale a pour fin dernière de créer cette unité des esprits et des consciences. » C'est la pure doctrine du fascisme et la pure doctrine de Moscou. L'école unique actuelle doit-elle suivre ce rail ? L'Éducation nationale, dont parle Léon Bourgeois, il était dans la logique que son enseigne jacobine, et précisément fasciste, remplaçât un jour, rue de Grenelle, l'enseigne modestement libérale d'Instruction publique. La nouvelle enseigne a été accrochée par les élections radicales de 1932, et elle est définitive. Aucune réaction ne l'enlèvera, et M. Marin lui-même, si son jour vient, devra porter cet enfant sur les bras. Le nom de l'enfant ? *À l'école de l'unité par l'unité de l'école.*

En 1890, le même Léon Bourgeois, ministre de l'Instruction publique en fait, et de l'Éducation nationale en puissance, terminait, dans le grand amphithéâtre de la Sorbonne, son discours aux lauréats du Concours général par un portrait du jeune Français de demain, qui est la page que je choisirais si l'étranger dont je parlais me demandait cette fois de lui faire connaître un type de notre idéologie radicale, non plus dans le lieu de sa formation individuelle et morale, mais dans l'acte même de sa poussée oratoire et de son expansion politique. Notons toujours que Léon Bourgeois fut un des politiques les plus éminents de la troisième République, et par ses qualités d'homme d'État, et par sa culture, et par son intégrité, — qu'il fournit au parti radical un homme-drapeau autant qu'un chef effectif, que, s'il occupa excellemment les ministères les plus différents, Intérieur, Justice, Affaires étrangères, si le prestige qu'il acquit a la Société des Nations acheva magnifiquement sa carrière, l'Éducation nationale n'en était pas moins sa place normale, utile, (en somme la place naturelle d'un chef du parti radical quand les radicaux sont au pouvoir) et qu'enfin ces paroles ont eu pour le spirituel républicain un peu de la portée d'une constitution ou d'une encyclique.

« Je vois très nettement se dessiner à mes yeux ce que devra être, ce que sera, j'espère, le jeune Français de demain, le citoyen de notre République aux premiers jours du siècle qui va s'ouvrir.

« Il est agile et vigoureux ; il est habitué aux règles d'une simple et saine hygiène ; il a subi les entraînements qui donnent la souplesse et la force ; il a le corps droit, le front haut, le regard franc ; il entre dans la vie avec modestie et avec confiance, comme il sied aux jeunes athlètes bien préparés à tous les combats. Il a les yeux ouverts sur l'espace qui entoure le point du monde où l'a placé sa naissance et sur le temps qui l'a précédé. Il sait les lois générales des nombres et des lignes ; il sait ce que sont les forces physiques : la pesanteur, la lumière, le son, l'électricité, la chaleur, et il sait qu'elles ne sont peut-être que les diverses apparences d'un mouvement unique et qu'elles obéissent toutes à des lois semblables dont un certain nombre d'exemples ont suffi à lui montrer l'éternelle fixité. » Soit l'histoire naturelle, l'anthropologie, l'histoire, un humanisme fait de la tradition gréco-romaine, où le christianisme ne figure que pour avoir versé dans le cœur de l'homme nouveau « le sentiment nouveau de la pitié » (contre sens qui vient de la proscription subie officiellement par tous les sens du mot charité), et qui se termine sur « la Réforme et la Renaissance l'éveillant pour ainsi dire de la longue nuit du passé, et lui mettant au front comme une aurore le rayon de la liberté de penser ; la France moderne, de Descartes à Voltaire, achevant dans une langue d'une force et d'une précision définitive l'affranchissement de son esprit, et faisant enfin, dans l'explosion de 1789, tomber autour de lui les dernières entraves, et le dressant, au milieu du monde, dans la hauteur de tous ses droits et le rayonnement de toutes ses libertés. »

Évidemment, c'est monument de Gambetta, c'est court, et l'on comprend que ce manifeste officiel du laïcisme ait été alors accueilli avec quelque gaîté par l'opinion littéraire, laquelle allait céder au mouvement dit des Cigognes, et prendre parti, en sens divers, dans la bataille Brunetière-Berthelot de 1894 sur la faillite ou l'apothéose de la science, — sorte d'ouverture de l'affaire Dreyfus, où l'on se disputa fort le jeune Français de demain. Ce jeune Français de demain (vingt ans entre 1894 et 1898...), Léon Bourgeois, en 1890, le voyait comme un Français décatholicisé, formé par la philosophie du XVIIIe siècle, fils de la Révolution. Quarante-deux ans ont passé. La question n'a pas sensiblement changé, l'idéologie radicale non plus. Celui que Léon Bourgeois appelait le jeune Français de demain est devenu un des vieux Français d'aujourd'hui ; l'École dirigeante, ou le maître d'école dirigeant de notre temps, a toujours pour lui les yeux de Léon Bourgeois. Mais nos yeux à nous lui seraient peut-être plus bienveillants, si l'École Unique ne risquait d'en faire le Français unique. Là est la limite du jacobinisme. La France multiforme ne nous paraît pas destinée à porter le Français unique. C'est mettre ses conjectures à bien haut prix que de tailler quarante millions d'êtres humains, et les enfants de leurs enfants, sur le patron de ces conjectures ! La prédiction radicale de 1890 s'est-elle réalisée au quart ou au tiers ? « Ce serait peu, dit Candide. — Ce serait beaucoup », dit Martin.

VI. LE SOCIALISME

L'IDÉAL SOCIALISTE

Depuis un siècle, le socialisme est, de toutes les idéologies politiques, avec le traditionalisme, celle qui a le plus fourni à la littérature. Entre le traditionalisme et lui, il y a cependant cette différence, que les systèmes traditionalistes, appartenant à l'idéologie conservatrice ou restauratrice, ne contractent d'union matérielle, ne fondent de foyer, n'ont des enfants, qu'avec les classes aristocratiques et bourgeoises ; ils trouvent, depuis Bonald jusqu'à Maurras, leur milieu le plus favorable soit dans la grande propriété, soit dans le loisir, ou dans des lettres (ce qui ne les empêche pas d'attirer une frange, toujours un peu extérieure, d'éléments prolétariens). Au contraire, le socialisme apporte une idéologie à la démocratie profonde. Il constitue un ordre d'idées populaires, produites par l'avènement du peuple à la souveraineté, et par ses revendications. « Le bonheur, écrit Saint-Just, est une idée neuve en Europe ». Entendons un minimum de bonheur pour tous, la possibilité pour tous de connaître les biens propres à l'existence humaine. Une idée neuve, nourrie de la substance la plus commune de la nature humaine, maniée et retournée, depuis Saint-Simon et Fourier, par des esprits ardents, une idée propre à être exposée en termes droits et simples, comme un Islam, et qui trouve son climat favorable dans des sociétés de pensée entre égaux, clubs,

cafés, syndicats, partis, quelle contrainte de police ou d'État lui ferme-
rait la carrière où elle courra sa chance ?

On nous dira encore ici : « Vous opposez ou du moins distinguez,
en politique, les idées et les intérêts. Pourquoi alors appelez-vous un
intérêt de classe, ou même l'intérêt général, une idée ? Saint-Just, lui,
emploie le mot idée cartésiennement, dans un sens très général : aussi
bien sentiment, désir, volonté. Le socialisme est un parti d'intérêts,
comme les autres, plus que d'autres, — plus par exemple que le radicalisme, qui, du fait qu'il met au premier plan la politique scolaire,
professe un idéalisme, alors que le socialisme dit : Matérialisme
d'abord. Qu'on opte pour l'intérêt de l'ouvrier contre l'intérêt du
patron, pour l'intérêt prolétarien contre l'intérêt bourgeois, soit : où
est l'idée » ?

Entendons-nous. En politique, il n'y a jamais de solution de continuité entre les idées et les intérêts, et les idées consistent à systéma-
tiser les intérêts, à les placer dans un ordre général humain, et même, si
l'on veut, à les voir en Dieu. Telle était la fonction de Lamartine,
délégué dans la Chambre à la fulguration des idées. Quand il pronon-
çait des discours sur les intérêts sucriers, les journaux disaient que
M. de Lamartine cultivait la betterave dans les nuages. Mon Dieu ! la
nature nourrit la betterave avec l'eau des nuages.

Des intérêts très généraux comportent vraiment une mystique,
débouchent dans la mystique comme un fleuve dans la mer ; nous nous
faisons comprendre quand nous parlons d'une mystique agrarienne et
bonaldienne, d'une mystique industrialiste et saint-simonienne, d'une
mystique catholique ou jacobine (on ne parlera pas d'une mystique
libérale, qui n'existe pas en politique, mais dont, en matière d'idéologie
pure, Montaigne ou Gide nous donneraient peut-être l'idée). À plus
forte raison, y a-t-il une mystique socialiste. C'est même à l'intérieur du
socialisme, et à l'occasion du socialisme, et comme formule des
problèmes socialistes de son temps, que Péguy a créé ce terme.

SOCIALISME ET RADICALISME

Il nous faut encore en revenir au mot de Barrès. Nous ne dirons pas précisément que le socialisme a un idéal, et que le radicalisme n'en a pas, puisque les radicaux nous ont objecté la séparation de l'Église et de l'État. Nous dirons que le socialisme est un idéal, restera toujours un idéal, tandis que le radicalisme, s'il en a un, et même plusieurs, n'en est pas un, que la séparation n'en est plus un, puisqu'elle est passée dans le fait, et que la réponse du radical d'aujourd'hui qui dirait à Barrès : « Pardon ! le radicalisme a un idéal, l'école unique ! » provoquerait sans doute, à tort ou à raison, la même hilarité que la réponse de Goblet. On n'eut pas dit davantage : « Le socialisme a un idéal : les assurances sociales, — ou la journée de huit heures », qui ont été réalisées comme la séparation. L'idéal socialiste n'est jamais épuisé par la réalisation d'un but particulier, alors que l'idéal radical a subi, du fait de la séparation, une crise qui dure encore : pas plus que l'idéal chrétien n'est épuisé par une réussite particulière, soit par la vie d'un saint. L'idéal socialiste puise même sa force dans le même principe que l'idéal chrétien. Le socialisme implique le même jugement de valeur sur la société présente que le christianisme sur le monde, à savoir qu'elle est mauvaise, et que les gains obtenus sur l'intérêt capitaliste et sur l'esprit bourgeois peuvent, en fait, atténuer le mal : ils ne constituent pas le bien en droit. Tandis que le radicalisme cherche à éliminer plus ou moins pacifiquement la religion, le socialisme aspire à la remplacer, et, si on ne détruit que ce qu'on remplace, il est le radicalisme intégral.

C'est comme succédané de la religion que le socialisme devient le lieu d'un idéal politique. Tandis que le radical descend de Voltaire, le socialiste descend de Rousseau, et le chien et le chat peuvent bien appartenir au même foyer, se faire pendant comme les chenets du feu de gauche, comme les petits bronzes de Voltaire et de Rousseau sur la cheminée, leur hostilité congénitale apparaît à de multiples occasions. Je crois que c'est d'un socialiste que vient la définition injurieuse du radical, lequel, comme le radis simple, serait rouge au dehors, blanc au dedans, et se placerait dans l'assiette au beurre. Mais jamais M. Herriot a-t-il mis plus de cran à une opération électorale que dans l'offensive foudroyante où il fit ce que Gambetta avait dit, soit traquer les révolutionnaires lyonnais en peau de lapin jusqu'au fond de leur repaire, et les enfumer : le cœur y était bien ! Je sais, au temps de Combes, des radicaux clairvoyants qui discernaient un néo-cléricalisme dans le socialisme, comme, dans la religion de Jean-Jacques, Voltaire retrouvait le principal de ce qu'il combattait. Et pourtant ce sont là, c'étaient déjà alors, dans le cartel, des disputes de ménage ! M. Robert se fait battre à coups de bulletins quand il prétend intervenir dans la querelle. Sganarelle et Martine ont beau se donner du bâton, et Sganarelle lorgner vers les seins de la belle nourrice : les époux se demeurent fidèles. Le ménage fait luire dans ses quatre yeux un seul rayon foudroyant quand des intrigants lui prennent ses enfants, et les portent narquoisement sur leurs bras.

Le ciment de ce ménage, le Code qui les a mariés, leur régime de communauté consistent en ceci, sur quoi nous avons déjà appelé l'attention au sujet du radicalisme : ces deux partis sont, dans la démocratie française, les seuls partis qui vivent démocratiquement, c'est-à-dire sous le régime égalitaire des comités et des chefs librement choisis. Ce sont deux hétairocraties, ou plutôt c'est la droite et la gauche d'une hétairocratie idéaliste de sociétés de pensée, qui fait bloc contre la réaction, et surtout contre ce qu'on entend par ce mot, mystérieux d'apparence, très clair en réalité : les Intérêts.

L'historien discernerait des origines assez différentes à chacune de ces deux hétairocraties. Les comités radicaux ont reproduit comme un pli relayé les sociétés des Jacobins, et ont trouvé des aides et des aînés dans la franc-maçonnerie. Les comités socialistes procéderaient plutôt des sociétés secrètes de la monarchie de Juillet, des unions corporatives et des coalitions d'ouvriers, des groupes d'études prolétariennes et de la première Internationale. Ce ne serait là d'ailleurs qu'une vue assez théorique, des croisements ayant depuis longtemps brouillé ces pistes. Un fait remarquable de ces dernières années est d'ailleurs l'entrée en masse du socialisme dans les loges, ou des loges dans le socialisme, lequel remplit de plus en plus la fonction de doctrine politique maçonnique tenue naguère par le radicalisme.

M. Robert hésiterait à prodiguer au Sganarelle radical des conseils de divorce, et à lui offrir sa fille en second mariage, sous le régime de la concentration réduite aux acquêts et déchue des principes, s'il se rendait mieux compte du détail de ce régime hétairocratique. Dans les deux grands partis de gauche, les chefs ne sont que les délégués et les hommes de confiance des militants. D'où la force de ces partis, et aussi une des forces de ces chefs. Que la conversion ou l'évasion tentent parfois les chefs socialistes, comme Millerand, Briand, Paul-Boncour, c'est naturel et peut-être utile, puisque le recrutement des équipes gouvernementales parmi les hommes de valeur se trouve par là facilité. Mais ceux-là seuls qui sans parti restent quelqu'un peuvent transgresser cette loi de gauche, et cette transgression leur sera toujours reprochée durement. Deux exceptions : celle que fit le parti socialiste, dirigé par Jaurès, en faveur de Millerand pendant l'affaire Dreyfus, et celle de Guesde, ministre sans portefeuille pendant la guerre, la première motivée par la défense de la République, la seconde par la défense de la nation. La loi de gauche met la direction politique d'un parti entre les mains de ses militants, sur le forum de ses congrès : voyez Angers. Les concentrationnistes se trompent d'adresse en essayant de persuader les chefs radicaux. Il faut qu'ils s'adressent aux militants, qu'ils s'efforcent de les convaincre, ou de les enchanter, ce qui d'ailleurs, en ce qui concerne les cadres radicaux, n'est pas impossible. Telle est la règle du jeu.

Et puis, autant que le galoubetier qu'on suit, importent les flancs-gardes. Le point névralgique des comités de gauche est à leur flanc. Dans l'hétairocratie de gauche un fait capital est ceci : que les comités socialistes qui sont à gauche des comités radicaux en aspireraient une fraction notable, si les radicaux s'alliaient aux modérés, exactement comme la participation des socialistes au pouvoir, souhaitée en haut par une partie des chefs, fut empêchée par la majorité des cadres, lesquels eussent vu une partie de leurs militants les quitter pour aller sinon aux cellules, tout au moins aux attitudes et aux votes communistes (demain aux pupistes). Dans le relief de notre géographie politique de gauche, le communisme, malgré sa faiblesse numérique et doctrinale, joue ainsi un rôle de niveau de base. Il faut aux chefs et aux congrès une prudence sans cesse éveillée pour que la situation du parti radical et du parti socialiste à une droite relative ne soit pas classée par le monde politique des militants comme une position de droite absolue, comme la droite tout court. En particulier le grand péril du radicalisme, c'est un état ou, le communisme restant suffisamment cantonné, il n'y aurait plus de gauche politique et sociale que dans le socialisme : le socialisme occuperait alors, presque à lui seul, la marge idéale qui existe entre ce qui est et ce qui peut être, qui doit être. L'action est la réalité de l'homme, ses idées sont ses possibles. Le socialisme ne risquerait-il pas alors de s'emparer de la catégorie de l'idéal politique ? Mais en quoi consiste aujourd'hui cette catégorie de l'idéal pour un socialiste, et telle qu'un socialiste peut la penser et la nommer ?

LES MOUVEMENTS DE L'IDÉE SOCIALISTE

Il y a un quart de siècle, MM. Poincaré et Charles Benoist échangeaient à la tribune deux propos auxquels Maurras a fait un sort en les prenant pour épigraphe de sa *Politique religieuse*. M. Charles Benoist, qui était du centre droit, demandait quelle différence il y avait entre son centre à lui et celui de M. Poincaré, qui était du centre gauche, sous-entendant que pour lui il n'y en avait pas. D'une voix nette M. Poincaré répondit : « Il y a toute la question religieuse ! » La césure du vers que représentait cette époque dans le grand poème de l'histoire de France tombait en effet là. Supposons qu'entre le radical et le socialiste, entre l'infanterie et les chasseurs, un nouveau Benoist demande quelle est la différence, où est la césure. Alors la question religieuse en était une, très belle, accordée pour notre oreille à tout le rythme français, au temps où, selon la remarque de Barrès, c'était par leurs conceptions de l'univers que s'opposaient à la tribune un Jaurès et un de Mun, un Clemenceau et un Ribot. Où est la césure entre les idées radicales, qui sont devenues celles du gros de l'armée républicaine, celles qu'une Union nationale digérera peut-être demain sans malaise, et les idées socialistes ?

La propriété ! dira-t-on. Le socialisme poursuit la transformation de la propriété individuelle en propriété collective, le radicalisme est en France le parti de la petite propriété. Le socialisme est fondé sur une mystique anticapitaliste, le radicalisme réclame la démocratisation du capital. Le socialisme exige une révolution dans l'économie capitaliste, le radicalisme veut diriger dans l'intérêt des « petits » l'évolution de cette économie.

Tel était à peu près le courant principal de l'idée socialiste au temps de Jaurès. Notez que le socialisme s'appelait alors d'un mot qui a complètement disparu : le collectivisme. Le programme de Saint-Mandé était un programme collectiviste, le programme d'un collectivisme établi par étapes. L'orthodoxie marxiste régnait : le passage de la propriété capitaliste à la propriété collective apparaissait aux doctrinaires du socialisme comme un progrès historique aussi nécessaire, aussi justement régulateur de leur activité présente et future que l'avènement politique de la classe moyenne pouvait l'être pour les doctrinaires tout court au temps de Guizot. D'ailleurs, la grosse influence dans le parti appartenait à un doctrinaire pur du marxisme pur, Jules Guesde. Tout but autre que la lutte de classe pour l'expropriation du capitalisme était excommunié par Guesde, rejeté dans les ténèbres extérieures du réformisme, stigmatisé par le mot de la langue française le plus familier au vocabulaire guesdiste, celui de déviation, qu'un seul homme a employé et brandi, pour la police de son parti, autant que Guesde : Maurras.

La socialisation des moyens de production était une doctrine claire pour l'ouvrier. Dans le pays même de Jaurès, la mine aux mineurs, la verrerie aux verriers, l'appuyaient d'une réalité et d'une publicité. Les coopératives de consommation, souvent florissantes, et qui ont fourni d'admirables cadres de militants, habituaient le monde des travailleurs à trouver naturelles et souhaitables des coopératives de production, des coopératives bancaires, lui faisaient toucher du doigt la supériorité au moins morale d'une économie de coopération sur une économie de profit. Le collectivisme de la mystique socialiste formait le couronnement à la fois économique et logique de cette mystique de la solidarité qui coulait à pleins bords dans l'éloquence républicaine. Doctrine ouvrière, ayant pour évangile le livre écrit en Angleterre par Marx sous l'influence d'un pays, d'une époque, d'une politique industrialisés, le socialisme pouvait voir dans la transformation de la propriété sa vérité et sa voie, — son mythe propre. Trois raisons ont concouru à déclasser ce mythe.

C'est d'abord, chez les théoriciens socialistes, (aussi bien chez ceux qui ne faisaient que réfléchir que chez ceux qui écrivaient) la décomposition ou la transformation du marxisme, — le titre du livre si important d'Henri de Man, *Au-delà du Marxisme*, est caractéristique. Il ne diminue pas la grandeur de Marx. Au contraire ! Il le rend au courant de la vie. Jaurès, qui l'eût admiré, eût retrouvé avec ce titre l'atmosphère de sa jeunesse philosophique et normalienne : il s'agit, en effet, pour la pensée socialiste de dépasser Marx au sens exact ou il s'agissait pour un philosophe, formé par Lachelier ou Boutroux, de dépasser Kant. Le marxisme orthodoxe s'est démodé, les formules courantes issues du *Capital* se sont démonétisées.

En second lieu, les progrès électoraux du socialisme l'ont fait sortir largement des cercles ouvriers et du monde des théoriciens. Il s'est répandu dans le monde des bourgeois, des fonctionnaires, surtout des paysans. En même temps qu'il dépassait une doctrine élaborée sous l'influence trop exclusive de la révolution industrielle, il prenait contact avec des intérêts anciens, des façons de penser, de vivre, d'acquérir et de produire bien antérieures à la naissance de la grande industrie, il entrait en symbiose avec la tradition démocratique, et cette greffe réussissait, procurait des réformes pratiques au bout de ces trois branches : droit de coalition et de syndicat, — lois ouvrières — relèvement du niveau de la vie. Jaurès ne s'embarrassait guère de la question paysanne. La propriété terrienne, disait-il, suivra le sort de l'autre, les paysans n'y perdront pas, au contraire, et le collectivisme fera leur bonheur comme il fera celui de l'ouvrier. D'autre part, Guesde, plus marxiste, disait plus crûment qu'il fallait violer la classe rurale pour la féconder. Mais on dut bientôt parler au paysan un autre langage, un langage à lui. Il fallut assouplir la doctrine en matière de propriété, rendre le socialisme non seulement compatible avec la petite propriété, mais le présenter comme sa sauvegarde, et radicaliser ici le socialisme, c'est-à-dire le faire moins radical. À mesure que le socialisme devenait une doctrine de propriétaires, les propriétaires de la doctrine le tempéraient et l'assouplissaient. Une légende prétend que le député socialiste Thivrier avait réclamé dans son programme électoral la suppression de l'héritage au-dessus de trente mille francs, et que quatre ans après il ne la réclamait plus qu'au-dessus de quarante mille francs, parce que, dans l'intervalle, il avait hérité de trente-huit mille. Sans doute est-ce là un mythe pour paysans bretons ou pour abonnes du *Gaulois*. Il n'en illustre pas moins la situation délicate de la doctrine socialiste, lorsqu'elle veut distinguer entre la petite et la moyenne propriété, entre la propriété paysanne et la propriété commerciale et industrielle, conserver l'une et condamner l'autre. Elle tombe alors dans le problème inextricable du continu. Et dans ce cas, mieux vaut laisser dormir la question, parler d'autre chose, prendre d'autres plates-formes, remuer d'autres idées et d'autres passions.

Enfin — et peut-être surtout — le socialisme marxiste a été plus ou moins réduit, contrôlé par le syndicalisme. Le conflit de tendances entre l'action politique et l'action syndicale a été très vif pendant la première décade du XXe siècle. Mais derrière l'action syndicale il y a un esprit syndicaliste ancien, tenace, bien antérieur aux syndicats proprement dits, de plain-pied avec les militants locaux, plus proudhonien que marxiste, et qui, indépendant des importations étrangères, de la presse officielle du Parti, a maintenu une tradition ouvrière historique. Contrepoids d'autant plus nécessaire que la France est le seul pays où (sauf Allemane) les chefs socialistes parlementaires ne se soient recrutés que parmi les professeurs, les hommes de lettres et les avocats.

L'idéologie évolutionniste du marxisme implique pour la classe ouvrière un droit, que justifie selon Marx l'établissement et l'évolution du régime capitaliste lui-même : le droit de cueillir le fruit mûri par la concentration des entreprises. Or ce mythe a été démenti par l'expérience : la société marxiste ou demi-marxiste des Soviets n'est pas née de cette évolution, que Marx prévoyait d'après une expérience anglaise et occidentale. La révolution russe est bien plutôt un blanquisme qui a réussi. Si le marxisme reste l'ancêtre considérable de la pensée socialiste, il est aussi une pensée ou une doctrine d'ancêtre, aujourd'hui vieillie, et le rappel aux doctrines du marxisme, le *Manifeste communiste* cité à la manière d'une Bible, cela n'existe plus guère qu'à Moscou. Comme l'a montre de Man, le syndicalisme a substitué peu à peu au marxisme idéologique un réalisme ouvrier, soit la vie et la psychologie du travailleur, senties de l'intérieur, professionnellement. De Man lui-même donne une admirable formule syndicaliste quand il écrit : « La tâche de toute éducation socialiste m'apparaît comme la transformation d'idéaux socialistes en mobiles socialistes », ou, selon la formule du représentant du Jeune Socialisme allemand, d'un but paradisiaque en un but héroïque. L'opposition des classes subsiste. Mais il s'agit d'un conflit moral entre deux genres de vie plutôt que d'une lutte sociale entre deux classes ennemies : conflit moral du salarié gouverné par la loi du travail et du capitaliste gouverné par la loi du profit. Entre l'ouvrier asservi qu'a connu Marx et l'ouvrier, syndiqué ou non, d'aujourd'hui, la différence de statut est trop grande pour ne pas impliquer une forme différente de l'idée socialiste. Le syndicalisme a contribué à l'éducation de l'ouvrier bien plus que ne l'ont fait les intellectuels bourgeois qui le représentent au Parlement. L'esprit des congrès et du parti socialiste a été pénétré par celui du syndicalisme. Un socialisme souple a pris la place du socialisme doctrinaire encore florissant et admire au début du siècle.

Et pourtant le socialisme reste ou doit rester un parti d'idées. Il ne faudrait pas croire que son évolution syndicaliste l'ait penché exclusivement sur les questions des salaires, de l'apprentissage, de la journée de travail et des assurances sociales. On n'est pas socialiste comme on est libéral, modéré, républicain de gauche ou même radical-socialiste. On n'est pas socialiste parce qu'on est d'un parti. On est socialiste parce qu'on est du Parti : il n'y a que dans le socialisme qu'on dise le Parti. On est socialiste comme on est félibre, parce qu'on croit à la Cause, — la *Causo*. Et précisément le Midi a donné au socialisme une manière de Mistral normalien et oratoire, un animateur dont l'action l'échauffe encore et dont la mémoire l'éclaire : Jaurès.

LE PROBLÈME DE JAURÈS

Jaurès a créé en partie et entretenu allègrement la flamme de l'idéalisme socialiste. Évidemment il n'a pas été le seul. Et on le lui a fait sentir. Il a eu en les allemanistes parisiens ses Jasmins, les militants de la première heure, qui n'entendaient pas se laisser éclipser par la onzième, en Guesde son Gelu. Il avait même un Marieton (qui tourna plus mal que le chancelier du Félibrige) : Gérault-Richard. Il connut en Péguy un Garcin. Et Mistral, à travers sa finesse d'humaniste rural, de même que Jaurès à travers son puissant acquis de rhéteur romain, ce ne sont pas seulement des Latins qui conquièrent la Gaule, comme Numa Roumestan, c'est le Midi albigeois qui remonte, qui remonte au triple sens, des profondeurs, où la conquête l'a refoulé, vers la lumière du soleil — de l'inconscient vers le conscient — et du Sud au Nord. Le prolétariat a été pour Jaurès ce que le peuple du Midi était pour Mistral : le sacrifié, le vaincu, le droit de revanche et à victoire. La guerre qu'il soutint fut une guerre idéaliste, Idée contre Idée, croisade pour la Cause.

Jaurès et sa pensée étaient bien plus de formation savante que de formation populaire. Proudhon eût combattu le doublet savant. Sous le malentendu entre l'action syndicaliste et l'action parlementaire, courut plus ou moins une mésentente entre la formation ouvrière et la formation bourgeoise, entre la république des travailleurs et la république des professeurs. Mais Jaurès a apporté au socialisme un courant d'aération, un sens des idées, il y a éveillé et entretenu le besoin d'une culture politique. Surtout, comme Mistral eût désiré le faire pour le Félibrige, il l'a voulu, depuis la bataille de l'affaire Dreyfus, présent partout. Il y a un esprit de Jaurès, l'esprit qui exige que tous les problèmes politiques, intérieurs et extérieurs, comportent une attitude socialiste, une solution socialiste, ou plutôt, pour employer l'expression de la rhétorique grecque, qui convient mieux ici, le discours socialiste opposé au discours bourgeois.

Jaurès n'a pas seulement occupe le cœur du parti socialiste, il a compris le cœur du public socialiste. Il a donné à l'extrême gauche, par sa personne, un mythe vivant. Il a été, sous le triple point de vue de l'instituteur (celui qui institue), de l'orateur et du parlementaire, le successeur de Lamartine et de Gambetta. Avec ceci en plus qu'il est mort pour la Cause, qu'il a été assassiné ou plutôt qu'*Ils* l'ont assassiné. Henri IV relaie ici Lamartine. Jaurès a légué aux peuples un mythe qui peut entrer aussi dans les allégories d'une *Énéide* ou plutôt d'une *Henriade* : la guerre, pour ouvrir ses charniers, doit tuer d'abord le tribun socialiste.

Or, tout se passe comme si ce mythe (j'entends par là une vérité poétique et plastique) mettait aujourd'hui son signe indicateur au plus haut ou au centre de l'idéologie socialiste. Autrefois, à la question : « Qu'est-ce que le socialisme ? » on pouvait répondre : « Le bonheur humain pour principe, la conquête des pouvoirs publics pour moyen, la socialisation des moyens de production pour but ». Aujourd'hui on dirait : « Le socialisme, c'est la recherche de la paix ». Le chef actuel du parti socialiste, M. Léon Blum, n'a encore publié qu'un livre de doctrine socialiste : *les Problèmes de la Paix*. Ce sont en effet les problèmes qui pour les socialistes priment actuellement les autres. On est socialiste aujourd'hui dans la mesure où l'on met ce problème avant tous les autres, avec toutes ses conditions et toutes ses conséquences.

Est-il donc un parti, y a-t-il donc un groupe de Français organisés qui ne veuillent pas la paix ? Certainement non. Mais nous en sommes à peu près au même point que signalait Anatole France lorsqu'il comparait les idées de Ribot, alors premier ministre, et celles de Jaurès. « Nous ne faisons pas à M. Ribot l'injure de douter qu'il ne désire la paix aussi sincèrement que Jaurès. Mais il y a cette différence que Jaurès veut la paix modestement, tandis que M. Ribot la veut superbement. » Les radicaux veulent la paix sincèrement et véhémentement, mais non sans quelque survivance de ce goût du superbe. On a reproché à Louis XIV les guerres de magnificence : il y a la paix de magnificence, cette paix de *prestige*, à laquelle, de par sa formation socialiste, il a été plus facile à Briand de renoncer. Les malveillants pourraient attaquer avec vraisemblance une théorie « de la paix mais... » qui ferait pendant à la théorie Ranc-Maurras de « la France mais... » « La paix à l'appel et sous l'égide de la France. » « La paix dans la force, l'honneur et la dignité. » Ce que je mets entre ces derniers guillemets n'est pas de moi : c'est la paix que voulait M. Poincaré dans le texte de son toast de Cronstadt le 23 juillet 1914. Et pour réaliser que le radical n'est que l'interprète du Français moyen, on notera d'abord que Poincaré ne fut jamais radical, mais centre-gauche, puis que le ministre des affaires étrangères qui contresigna le traité dont le Président reste constitutionnellement irresponsable et qui excita l'enthousiasme des panslavistes était un socialiste, Viviani. Le radicalisme jacobin, qui ne va jamais sans patriotisme, tient les trois biens poincaréens, pour plus précieux que la paix. Peut-être faudrait-il faire une exception pour la frange gauche du parti radical, et à coup sûr il faut la faire pour son seul théoricien original, Alain, qui s'est expliqué à ce propos sans équivoque. Mais, par là, le radical Alain subit plus ou moins l'appel d'air socialiste.

Le socialisme tient seul la paix pour une fin en soi. Pacifisme, ce mot traité pendant la guerre comme un crime, tenu jusqu'au 11 mai 1924 pour une injure, se dit aujourd'hui sans soulever de passions. Et si à peu près tous les Français sont pacifiques, le socialisme seul est à peu près pacifiste. C'est à dessein que je n'épargne pas ici les à peu près renaniens. À droite, ce n'est évidemment pas être pacifiste que de réclamer la réoccupation de Mayence. Mais, outre que le pacifisme socialiste bat froid à la concorde entre les citoyens, et qu'il tournerait volontiers, pour employer un mot créé par Faguet, à un bellicisme intérieur, est-ce que, dans les *Problèmes de la Paix*, M. Léon Blum ne réclame pas la mise en quarantaine ou en « fourrière » de toutes les dictatures ? M. Léon Blum porte de l'autre côté des Alpes le regard que nos princes lorrains et leur suite jettent de l'autre côté du Rhin (mais la dictature n'a-t-elle pas autant de chances que le parlementarisme de revenir à sa première direction socialiste). De sorte qu'on peut se demander si les disponibilités bellicistes qui demeurent en circulation, et qui visent, dans notre système officiel, les ennemis présumés de la France, ne seraient pas simplement, dans le système socialiste, reportées sur les ennemis intérieurs et extérieurs du socialisme, ou ceux qu'il croit l'être. Relisons la *Révolte des Anges* et redisons-en le dernier mot : « C'est dans le cœur de chacun de nous que nous devons détruire Ialdabaoth. » Il ne nous paraît pas que dans le cœur de M. Léon Blum Ialdabaoth soit détruit.

Il en est un peu ici, de nos socialistes et de l'Italie, comme il en était, avant la guerre, des socialistes allemands et de la Russie. Dans un article récent, Boris Souvarine faisait remarquer que le socialisme n'a pas toujours été une doctrine pacifiste, qu'il y a eu un socialisme belliciste, que pour Marx, la guerre est bonne si elle sert les intérêts du prolétariat, et qu'il a particulièrement regardé comme souhaitable une guerre contre la Russie. C'est en partie dans son fonds marxiste que la démocratie socialiste allemande a pris l'élan qui l'a fait entrer, d'un cœur moins lourd qu'on ne l'eût cru, dans la guerre russe. Et ici l'on peut à volonté incriminer les illusions de Jaurès qui l'ont laissé croire jusqu'au bout à l'antibellicisme des socialistes allemands, ou louer la clairvoyance qui, dans la série des discours de la *Paix Menacée* lui a fait dénoncer inlassablement pendant dix ans dans les tractations et les combinaisons de l'alliance russe, et dans les tortueuses ténèbres du delcassisme le spectre de la guerre future. Un familier du *Conciones* écrirait indifféremment les deux discours, et un analyste critique verrait dans l'un et l'autre des coupes sur un complexe. L'antitsarisme était un sentiment naturel et nécessaire chez un socialiste de n'importe quelle nation : malheureusement ce sentiment faisait suite chez des socialistes allemands a un esprit national, à la vieille lutte des Germains et des Slaves, ce qui n'était plus le cas pour les socialistes français, ou ce qui du moins ne l'était pas dans un sens accepté par l'opinion commune.

La vérité est que, d'abord pour un parti politique responsable et organisé, ensuite pour un homme de la culture de Jaurès, l'internationalisme intégral reste toujours inopérant et verbal. Comme les révolutionnaires de 1793, les socialistes ont une politique, commandée par des sympathies, des préférences, des courants. La nature et les goûts de

Jaurès le portaient certainement vers l'Allemagne, faisaient d'une entente franco-allemande la clef de voûte de sa politique. Entente, un jour, espérait-il, entre deux démocraties plus ou moins socialistes. Mais en attendant cette pierre d'entente, il consentait à une pierre d'attente, qu'il appelait collaboration pacifique avec l'Allemagne telle qu'elle était, l'Allemagne de Bismarck et de Guillaume II, soit, mais aussi du suffrage universel, lequel, malgré les limites étroites où il était cantonné, réservait et ménageait l'avenir. Jaurès était naturellement et culturellement germanophile, à la manière dont un Guizot et un Tocqueville étaient anglophiles. Dans l'un et dans l'autre cas, la bonne conscience vient d'un accord entre des préférences déposées par une culture, d'une part, une idée des conditions de la paix européenne, d'autre part. Pour Jaurès, une entente franco-allemande ne faisait pas seulement sa partie dans le chœur des ententes européennes, ouvrières de la paix. Elle jouait dans le système de la paix un rôle privilégié. Elle mettait fin au plus dur procès de races de l'Europe. Surtout elle instituait au cœur de la civilisation un dualisme bienfaisant et fécond, une harmonie vivante. Quant à la question d'Alsace-Lorraine, eh bien ! mon Dieu ! ce Méridional passait le charbon sur elle, comme les républicains, soldats de l'alliance russe, avaient passé le charbon sur la Pologne. Qu'on se reporte au dialogue de Barrès et de Jaurès dans l'*Enquête aux Pays du Levant* ! On se rendra compte de l'opposition sans remède et de l'hostilité congénitale de l'Albigeois socialiste et du Lorrain nationaliste. On se rendra compte également de la situation sans issue, même oratoire, ou se trouvait Jaurès le 30 juillet 1914. La mobilisation russe confirmait toutes ses prévisions et toutes ses dénonciations depuis dix ans. Mais la mobilisation allemande, du fait qu'elle fut connue la première, et passa pour la première, parut confirmer toutes les prévisions de ses adversaires. Il y avait la un complexe de forces dépassant tout système fermé : Jaurès disparut dans leurs remous.

Or l'entente franco-allemande, cheville ouvrière de la paix, système de la paix comme l'alliance autrichienne était au XVIIIe siècle le « système » de l'équilibre, cela reste un centre et un dogme pour la politique socialiste. La tradition de Jaurès subsiste. Il est même remarquable que son siège primatial soit toujours placé en Languedoc. Narbonne a remplacé Albi ; un albigisme normalien l'emporterait-il sur le lotharingisme des Princes ? En un point la situation est plus favorable qu'au temps de Jaurès : la question d'Alsace-Lorraine est résolue, et de l'autre côté, aucune question de Rhénanie n'en a pris la place. Cependant l'obstacle de l'Est ressemble fort à l'obstacle du temps de Jaurès. L'alliance polonaise a remplacé l'alliance russe : il s'agit toujours de cette lutte de races entre Germains et Slaves, où les fatalités historiques nous engagent.

Si la tradition jaurésienne comporte des sympathies et des affinités allemandes, n'oublions pas que c'est d'elle que le socialisme tient la doctrine qui est aujourd'hui au centre de son prestige et de son action : un pacifisme doctrinal, la primauté du problème de la paix entre les problèmes socialistes. Aux réflexions de Souvarine sur le bellicisme des premiers marxistes allemands, il faudrait joindre cette remarque que, jusqu'à l'Affaire Dreyfus, il y a eu un socialisme patriote français, et que, même dans le Parti Ouvrier, certain internationalisme était mal porte. Il serait assez ridicule de tenir Rochefort, simple figariste d'extrême-gauche, pour un socialiste. Mais enfin il représentait pour Paris la tradition de la Commune, l'*Intransigeant* était le journal lu par la grande majorité des socialistes parisiens et un socialiste n'était élu à Paris que s'il était patronné par l'*Intransigeant*. Quand Barrès se présenta à Neuilly comme socialiste, il n'abdiqua rien de son lotharingisme. Tout ce monde-là fut rejeté à droite par l'affaire Dreyfus. Avant de revêtir la robe du pacifisme intégral, le socialisme dut prendre un bon bain d'antimilitarisme. Par l'infatigable prédication de Jaurès, le socialisme devint une doctrine pacifiste et son tribun le Forgeron de la Paix, dont il forge le fer dans l'*Humanité*.

Vandervelde, dans un article de la *Dépêche*, se demandait pourquoi le socialisme est passé ainsi à un pacifisme qui n'était pas donné dans son élan primitif, et qui est de date récente. Selon lui, la cause en est dans la figure nouvelle qu'a prise la guerre, dans ses puissances de destruction, qui font qu'il n'y a presque que le nom de commun entre les batailles humaines de naguère et les cataclysmes chimiques d'aujourd'hui. Peut-être. Mais alors la même raison devrait inspirer à tous les partis le même pacifisme, et s'il n'en est pas ainsi on croira difficilement que la responsabilité en incombe entièrement à la presse des munitionnaires. Il ne semble pas crue la peur brute des catastrophes suffise à diminuer très sensiblement le potentiel moral de guerre. L'évolution pacifiste du socialisme français (car il y a, malgré l'Internationale, autant de socialismes que de pays) doit être tenue pour un phénomène autonome, qui remonte à une trentaine d'années, et dont Jaurès a été le principal auteur.

LE SOCIALISME ET LE PROBLÈME DE LA PAIX

Dès lors le socialisme demeure le parti, et la doctrine socialiste demeure la doctrine, du pacifisme constructif, ouvert et résolu. Il réalise, comme parti, la paix, de même que le radicalisme réalise l'école. Et l'idée socialiste s'oppose ici, de trois manières, à l'idée radicale.

1° Le radical fidèle à sa fonction d'infanterie, patriote et pacifique, veut la paix dans la sécurité, la dignité et le respect des contrats. La France radicale sera pacifique, mais forte, — forte, mais pacifique. M. Herriot disait, dans un discours dominical, que l'originalité du parti radical consistait à être en même temps pour la patrie et pour la Société des Nations, pour une France bien défendue et pour une France pacifique. C'est bien, et c'est exact, sauf un mot, qui fait ici un effet un peu singulier : celui d'originalité. Une caresse sur les cornes de la vaillante chèvre de M. Seguin, balancée par un : « Est-il beau, notre chou ! » témoigne de la connaissance de l'électeur, de l'aptitude a travailler pour un parti de gouvernement, d'une prudence louable chez un personnage consulaire et dans une manifestation oratoire, plutôt que de l'originalité de pensée inventive d'un parti. Il va de soi que le parti socialiste, surtout du fait qu'il est éloigné jusqu'ici des responsabilités du pouvoir, gardera dans la pensée plus d'indépendance, de jeu, et d'invention. Son pacifisme intégral, trouvera audience dans le monde des idées, constituera à son bénéfice cette gauche des idées qui est toujours à la gauche de la gauche de gouvernement. Le radical, lui, doit penser et parler à la manière d'un homme qui sera demain installé ou qui est installé aujourd'hui devant le bureau de Vergennes, sous l'œil des traditions, des fonctionnaires qui en ont le dépôt, avec des dossiers à plaider qui remontent aux traités de Westphalie ou de Cateau-Cambrésis.

2° Le mot de paix a deux sens opposés en Europe, dès qu'on passe de l'idéal aux moyens. Pour les uns il signifie maintien des traités, pour les autres révision des traités. Il y a la défense de la paix et il y a les

exigences de la paix. Il y a la paix défenderesse et il y a la paix deman-
deresse. La vraie césure de l'Europe, la voilà, et, comme deux failles
tectoniques que l'érosion finit par rejoindre, la petite césure parlementaire française est appelée à coïncider avec la grande césure européenne. En matière de position défenderesse, l'atmosphère de Genève
confirme de plus en plus ce mot d'un connaisseur, M. Bainville : « Il ne
fait pas bon être M. Veto ! » Or le socialisme seul a opté en France
contre M. Veto, c'est-à-dire pour la réadaptation des traités, pour l'institution d'une paix par la paix, d'une vie internationale par l'esprit des
Internationales, d'une renonciation à cette souveraineté nationale qui
commande le *Veto*. Le socialisme bénéficie, par position, de sa force
habituelle, spontanée, anticonservatrice et révolutionnaire, contre
l'éternel ennemi, si justement discerné et nommé par M. Bainville. À
Jules Lemaître, qui le raillait, Sarcey répondait un jour : « Allez,
toujours ! Quand je ne serai plus là, ce sera vous la vieille bête. » J'imagine, sur le quai Wilson, un vieil ambassadeur de François-Joseph, élève
de M. de Metternich, admirant en M. Paul-Boncour le physique des
grands conventionnels, et qui lui dit : « Avouez que c'est bien au tour
de la République Française d'être madame Veto ! » Tellement son tour
que même un ministre socialiste se dépouillera de ce rôle plus difficilement qu'il ne le croyait.

3° Et surtout il y a ceci. Le parti socialiste n'est pas seulement le
Parti. Un autre titre lui vaut autant de lustre que cette majuscule et cet
absolu : il est la section française de l'Internationale ouvrière. Évidemment on peut voir en Europe et en Amérique une Internationale capitaliste. On ferait même le tableau d'une Internationale libérale. Le
parti radical, héritier des jacobins, ne va pas sans liaison avec une internationale maçonnique. Mais, officiellement, techniquement, il n'y a
que trois types d'internationale : le type religieux, soit l'Église catholique, la plus forte organisation spirituelle du globe, à laquelle répond,
dans une certaine mesure, une Internationale protestante, — ensuite le
type ouvrier, soit l'Internationale d'Amsterdam, soit celle dont les
partis socialistes nationaux sont théoriquement des sections, — enfin
le type révolutionnaire, soit l'Internationale de Moscou. Il n'y a pas
d'internationale de Genève, où la tradition, maintenue avec vigilance
par l'organe permanent, le Secrétariat, tient la main à ce que la Société
garde le caractère d'une coopération entre nations souveraines, ne

prenne pas plus figure d'internationale que de Super-État. Il s'ensuit qu'en France la vocation authentique et historique à la vie internationale, à l'esprit international, n'existent que de deux côtés : d'abord chez les catholiques, où elle rencontre le barrage du traditionalisme national et du *Gesta Dei per Francos*, et où elle ne trouve la voie libre que dans son chef, souverain œcuménique, et dans ceux de ses membres qui ont accepté la démocratie politique. Puis dans le parti socialiste : et là seulement une Internationale entrera dans une voie à peu près libre (il y aura toujours des réserves comme celles que nous avons signalées plus haut), une Internationale constituera la formule et l'être d'un parti. Je laisse de côté l'Internationale communiste, qui a comme l'Internationale catholique une Cité du Vatican, mais une Cité du Vatican étendue à près du quart de l'ancien continent, héritière de Pierre le Grand comme la Convention l'était de Richelieu et de Louis XIV, appliquée par conséquent, quoi qu'en ait son idéologie, aux intérêts particuliers d'un territoire dont les voisins sont, par position, des « impérialismes » : l'Internationale chargée du dossier de ces intérêts, placée dans l'obédience temporelle et spirituelle de Moscou, sans possibilités d'opposition ou de discussion, n'est encore, jusqu'à ce que cette tyrannie absurde se soit desserrée, qu'une Internationale sur le papier.

PRESTIGE ET DIFFICULTÉS DE LA IIE INTERNATIONALE

D ans la mesure où le destin de l'Europe dépend des points de vue internationaux substitués aux points de vue nationaux, l'idéologie socialiste tiendrait vis-à-vis de celle des autres partis une position d'avant-garde. Peut-être l'esprit socialiste est-il en effet seul capable de rompre ce cercle de surveillance mutuelle, de vigilance inquiète, de défense et d'intérêts nationaux, qui devient si vite, dans les discussions de Genève, un cercle vicieux. Pour que l'homme puisse nager, dit Bergson, il faut que l'action et le risque brisent d'abord ce cercle : on n'apprend à nager que dans l'eau, et pour entrer dans l'eau il faut savoir nager. Dans une de ses plus belles péroraisons, Jaurès, pour y symboliser le risque de paix, de la renonciation à la terre ferme de la guerre immémoriale, l'entrée de l'homme dans l'utopie de la paix qui ne paraît pas plus faite pour sa volonté de puissance que l'eau pour son corps, retrouvait sous une autre forme l'image de Bergson, et la jetait, comme l'arche magnifique d'une fusée dans le ciel, sur le Rhin lamartinien. Il comparaît les hésitations et les refus des gouvernements, sinon des peuples, devant l'idée du désarmement, à une forêt au printemps, où chaque arbre se retiendrait de verdir avant que son voisin lui en eût donné l'exemple. Mais venait le soleil, montait l'irrésistible sève, et aucun ne donnait l'exemple, car tous partaient et verdissaient en même temps. Soleil et sève, c'était, est-il besoin de le dire ? la pensée socialiste et la volonté du prolétariat, identifiées à l'âme même de la paix active. (Alain a donné à la même pensée un autre mythe dans le XXIVe de ses *Propos sur le Christianisme*, sa paraphrase du figuier maudit par Jésus). Le socialisme jaurésien devient dès lors, ici, le délégué politique à cet idéalisme lamartinien, qui demeure un des beaux courants spirituels de la France. C'est une grande force, mais contre cette force agissent des forces antagonistes.

À l'extérieur comme à l'intérieur, et comme l'indique ce mythe même de la forêt, le socialisme est une aventure, un coup de dés. Il a séduit ceux de ses chefs qui aiment le risque, mais les gros bataillons d'un parti prolétarien sont faits de ceux qui ont peu ou qui croient avoir peu à risquer, plutôt que de ceux qui aiment risquer. Le Français moyen redoute le risque. Sécurité d'abord demeurera longtemps en France une maxime cubique, solide, assise sur un large assentiment. L'idéalisme socialiste, en matière de politique internationale, se heurtera à un réalisme prudent, d'autant plus redoutable qu'au contraire de la grande image bergsonienne de Jaurès, ce réalisme prendra volontiers la forme précise, montrable, efficace, d'une raison conforme aux exemples du passé, à des faits d'hier, aux analogies de l'économie domestique, aux proverbes, à tout ce *sanchisme* que l'organisme français fabrique toujours spontanément, comme des globules blancs, contre toute poussée de *quichottisme*.

Être une Internationale, posséder une langue internationale, voilà évidemment un avantage. Mais l'état actuel de l'économie mondiale contraint la section française de l'Internationale ouvrière à se comporter comme Internationale politique, bien plutôt que comme Internationale vraiment ouvrière : internationale politique, en ce sens que ses représentants au Parlement ou dans la presse dédaignent ou réfutent en politique les points de vue nationaux. Le socialisme détient le dossier de l'Internationale politique. Et alors, d'autre part nous le voyons, en France comme dans tous les pays, se prononcer énergiquement contre l'emploi de la main-d'œuvre étrangère, et pour la protection des intérêts de l'ouvrier national contre les intérêts de l'ouvrier étranger. Les intérêts ouvriers à défendre parlent, exigent, et n'exigent rien d'international. À la gauche du socialisme, le communisme se moque ou s'indigne de ce nationalisme ouvrier. Il exerce sur lui la même critique que le socialisme sur le nationalisme politique. Or, la surpopulation d'une partie du monde, cause principale sinon de la crise économique, tout au moins de sa durée, et de son passage de l'aigu au chronique, condamnera longtemps les sections nationales de l'Internationale ouvrière à ce nationalisme ouvrier. Le nationalisme que les ouvriers socialistes chassent par la porte politique rentre par la fenêtre économique.

Je ne présente d'ailleurs cette réflexion que comme une demi-objection. Le socialisme est contraint à ce nationalisme économique, parce qu'il vit dans un monde politiquement nationalisé et économiquement capitaliste. Le socialisme doit pratiquer le même opportunisme que toutes les doctrines qui ont contact avec la pratique et que tous les doctrinaires qui sont engagés dans des responsabilités. Il est d'abord une idée, l'Idée, une cause, la Cause. Le socialisme se justifie par l'idée, comme le chrétien, selon Luther, se justifie par la foi. Le monde actuel est abandonné au diable capitaliste, comme le monde est pour Luther abandonné au diable tout court. Le chrétien lui échappe par la foi en Christ, le socialiste lui échappe par la foi en la Révolution. Le socialisme se justifie par la foi en la Révolution sociale. La paix sociale, poursuivie par le socialisme dans le présent, à la fois par la concorde internationale et par le protectionnisme économique qui permet de conserver de hauts salaires, ne doit être tenue par la doctrine que pour une préparation à la Révolution sociale. Le gouvernement de la France, avait décrété la Convention, est révolutionnaire jusqu'à la paix ! Le socialisme est pacifiste jusqu'à la Révolution.

Quand les chefs socialistes, en période électorale, nous somment de ne pas oublier qu'ils incarnent le parti de la Révolution sociale par l'expropriation de la classe capitaliste, il ne s'agit pas seulement de soutirer un argument, et des voix, au concurrent communiste, plus redoutable souvent que le concurrent radical. Il s'agit de la défense du principe et du levain socialistes, de la foi qui agit comme idée. Non seulement le socialisme a un idéal, comme disait Barrès. Mais il est surtout cet idéal, il fonctionne comme idéal, comme pointe de l'aile marchante. Aucune idée n'est plus incorporée que la sienne au glissement du glacier vers la gauche. C'est encore le dialogue de Léon Bourgeois avec les ralliés de 1892 qui continue : « Vous adhérez à la République, c'est bien. Mais adhérez-vous à la Révolution ? » Or qu'est-ce qu'un radical-socialiste pour le socialiste sinon une manière de rallié ? « Vous adhérez à la

Révolution d'hier, qui est la Révolution française, c'est bien. Mais adhérez-vous à la Révolution de demain, à la Révolution internationale ? — C'est-à-dire que... — Que non. Soit ! Mais la Révolution est un bloc. » Surtout on peut dire de la Révolution ce que Sorel disait de la grève générale, qu'elle est un mythe, qu'elle agit dans les idées du socialisme comme leur mythe propre, leur mythe animateur, leur mythe dans la durée : mythe du futur, mythe de l'esprit millénaire, inverses et symétriques des mythes du passé, des mythes de l'âge d'or.

Mais voici que, sur la gauche du socialisme, c'est-à-dire dans le communisme, il n'y a plus de mythe, plus d'état mythique. Le communisme n'est pas le parti de la révolution différée, c'est le parti de la révolution immédiate. Au mythe eschatologique dans la durée, à la société collectiviste de demain, est substituée pour lui une référence dans l'espace, le fait actuel de la Révolution russe. La fonction tenue dans le socialisme par une idéologie révolutionnaire est tenue dans le communisme par une révolution réelle. Et je veux bien que la fonction mythique ne disparaisse pas, que l'espace, comme dans la préface de *Bajazet*, fonctionne à l'imitation du temps, qu'un mythe topique succède ici au mythe chronique. Il n'en demeure pas moins que « la Révolution comme en Russie, la socialisation de la propriété comme en Russie, l'application du marxisme comme en Russie » forment le système de références de tout le parti qui est à gauche du socialisme. Ici nous sortons du monde des idées pour passer au fait, de la Révolution possible pour entrer dans la Révolution réalisée.

Réalisée en Russie, où le collectivisme s'est révélé viable, et l'État communiste supérieur à l'État capitaliste qu'il a remplacé. Réalisée partiellement en pays germanique, où la prolétarisation des classes bourgeoises oblige l'État à un quasi-collectivisme de fait. Réalisée encore substantiellement en France, où le genre de vie capitaliste tient surtout par habitude, par le poids d'une tradition et d'une durée. Réalisée même en Italie, où la dictature, d'abord favorisée par la bourgeoisie, accentue de plus en plus son caractère populiste. Le fait socialiste précède, dépasse partout les idées socialistes elles-mêmes, la pratique transcende ici la mystique, et l'action déborde le mythe.

CONCLUSION

Devant les systèmes d'idées politiques que nous avons essayé de dénombrer et de peser, la maxime de Leibnitz : « Tous les systèmes sont vrais par ce qu'ils affirment et faux par ce qu'ils nient », gardera sa valeur d'usage. Évidemment les négations des systèmes entrent dans la vie des systèmes : ni leur positif sans leur négatif, ni leur territoires sans leurs limites, ni leur constitution et leur institution sans leurs défenses, et leurs ennemis, leurs guerres. Mais entre ces systèmes politiques adverses, la tâche de la critique politique consiste à établir une société des systèmes comme il y a une Société des Nations. Ils n'entrent dans cette société que par leurs affirmations. Ils y comptent comme producteurs, non comme destructeurs et négateurs.

J'entends ici une critique politique objective. Car il y en a deux autres. Il y a une critique politique négative, parfaitement à sa place dans l'atmosphère spirituelle de Paris, qui consiste à dégager le caractère ridicule ou odieux que comporte ça et là sous tous les régimes le genre de vie politique. Rochefort l'a longtemps représentée. Il y a en second lieu une critique politique positive, celle des partis, la plus répandue, la plus florissante, en somme la critique politique normale, celle qui donne à chaque idée sa voix dans un dialogue, ses arguments dans une polémique. Le journalisme d'opinion, c'est-à-dire le vrai journalisme, en est l'organe. Et la critique politique objective, telle qu'elle est conçue ici, ne prétend pas à une impartialité hors de pair par laquelle elle se distinguerait superbement de cette critique partisane. Simplement, elle considère les idées politiques, les courants politiques, comme des objets, qui sont donnés dans la vie politique et par la vie politique d'un pays. Au lieu de chercher, au-dessus d'eux, l'impartialité, elle pratique, avec eux, la sympathie, soit un libéralisme actif. Sa position est intermédiaire entre une science et un art, entre la géographie et le roman. Comme la géographie humaine, elle ne voit dans les matières politiques que des faits de civilisation. Comme le roman, elle laisse jouer à tous les délégués de la vie, à tous les délégués à la vie, leur libre jeu. Ces termes de géographie et de roman représentent d'ailleurs un idéal. En réalité, il y a aussi une personne, le demi-géographe et le demi-romancier, qui mêle en un clair-obscur sa sensibilité et sa vérité, garde à son monde politique le caractère d'un complexe, mais sait que ce complexe lui-même prend figure de coupe personnelle quand on le compare au complexe de l'objet, à la réalité insondable et multiforme des idées et des faits.

Cette critique politique objective ne va pas sans certaines préparations, certaines dispositions, certaines façons préalables auxquelles la machine du critique est ployée. Certaine critique littéraire y prépare, certaine autre critique non. Les deux grandes générations de critiques littéraires de la seconde moitié du XIXe siècle, soit les normaliens de 1848 : Taine, Weiss, Sarcey, About, Paradol, et les vingt ans de 1870 Bourget, Brunetière, Faguet, Lemaître, ont mis des rallonges importantes de critique politique à leur critique littéraire. Il est remarquable que leur critique politique ait été toujours dogmatique et partisane, toujours critique de droite, ne dépassant pas vers la gauche le libéralisme académique de Paradol et l'anticléricalisme aboutinet de Sarcey. On opposerait volontiers à ce dogmatisme réactionnaire, commandé par la grande figure de Taine, l'attitude finale de Sainte-Beuve qui, lorsqu'il se veut indépendant du pouvoir dont il tient son siège sénatorial, écrit vraiment un livre pour lui, met pour point final à son œuvre cette étude inachevée sur Proudhon, où, en sympathie profonde avec le grand critique populaire de la société, le critique littéraire libère tout un Sainte-Beuve que les circonstances avaient refoulé. Il serait très exagéré de voir dans *Proudhon, sa vie et sa correspondance* le chef-d'œuvre de la critique politique. Mais en le comparant aux *Politiques et Moralistes* de Faguet, livre d'ailleurs éminent, au *Proudhon* de Faguet si l'on veut, on saisit la différence entre cette vertu de sympathiser par le dedans, proche parente de l'histoire naturelle et du roman, chez l'auteur de *Port-Royal*, et la descente sans sympathie (voyez Lemaître chez Verlaine) de certaine critique d'en haut (du haut comme on disait à Genève) chez les irréguliers. Celle-ci ne peut s'accorder en effet qu'à une politique de droite. La qualité supérieure du *Proudhon* nous indique la bonne voie.

Le Sainte-Beuve du *Proudhon* regardait vers sa jeunesse, vers le Sainte-Beuve libre de 1830, également séduit par le mennaisisme et le saint-simonisme, comme par le classique et le romantisme, comme par le puritanisme chrétien de Port-Royal et le sensualisme païen du XVIIIe siècle. La vie, le hasard, l'intérêt, l'amour et la haine l'obligèrent à des choix. Mais l'élasticité de ces possibles survivait dans la plasticité de sa nature. L'heure du *Proudhon* est celle d'une jeunesse et d'un 1830 qui reviennent, et du « Socrate, occupe-toi de musique... » Or le cycle des trois générations qui forment un siècle (1830-1930) semble prendre depuis 1830 une forme de spirale qui nous ramène aujourd'hui, par bien des points aux positions de cette époque. Toutes celles du traditionalisme se trouvent dans Chateaubriand et Bonald, sauf le nationalisme étranger à la littérature de l'émigration qui se relierait alors à la réaction contre les traités de 1815 et à la mystique du drapeau tricolore. Le libéralisme, d'abord engonce dans la forme doctrinaire que lui ont donnée les trois professeurs plus ou moins héritiers de Royer-Collard, — Guizot, Cousin, Villemain, trouve dans les années trente sa plus belle poussée vivante, avec le libéralisme de l'intelligence chez Tocqueville, et le libéralisme du génie chez Lamartine. L'industrialisme s'extravase, avec les saint-simoniens, en une mystique dont nous n'avons pas encore épuisé le contenu. Et de la condamnation des saint-simoniens par les tribunaux temporels français, de la condamnation de l'*Avenir* par le tribunal spirituel de Rome (ce que M. Bremond appellerait une nouvelle retraite de la mystique) l'année où j'écris ce livre marque les deux centenaires. Le catholicisme social, ou la démocratie chrétienne, ou le christianisme populaire, ont retrouvé intacts, après l'affaire Dreyfus et durant la génération que nous venons de vivre, les problèmes et les solutions mennaisiennes. — S'il est un ancêtre auquel on puisse rattacher le radicalisme français, dans toutes ses dimensions et avec toutes ses racines, c'est Michelet. Or le *Tableau de la France* est de 1832, et ce *Tableau*, qui tient dans la littérature française la place de la Fête des Fédérations dans l'histoire de France, fixe l'image de la France achevée par la Révolution, et telle qu'elle sera incorporée à la conscience et à l'éducation républicaines. La génération des fondateurs de la République, Gambetta, Challemel-Lacour, Brisson, Pelletan, sera une génération de lecteurs de Michelet. L'idéologie radicale, soit la France considérée comme la France de la Révolution, la Révolution tenue pour la mystique et la religion de la France, va prendre corps pendant la monarchie de Juillet, jusqu'aux *Histoires* de Lamartine et de Michelet, et à l'explosion triomphale et passagère de 1848. — Le socialisme français enfin a puisé dans le saint-simonisme l'élan qui lui donne, sous Louis-Philippe et avec la République de 1848, les traits d'un romantisme de la politique, auquel le matérialisme marxiste succédera, à la manière du réalisme en littérature, du réalisme de 1857.

Ainsi donc, et en gros, les idées françaises reprennent, en un second cycle, dans les années trente du XXe siècle le cours premier et la jeune âme qu'elles ont assumes dans les années trente du XIXe siècle. La géographie des idées se trouve ici devant un phénomène de relief rajeuni, de vallées qui, à travers des mouvements tectoniques successifs, et de sens différents, maintiennent une ligne stable à une figure de la terre. Nous repartons de 1830, et des problèmes et des luttes romantiques. Et en commémorant, en 1931, le centenaire de la *Chronique de 1830*, soit du *Rouge et Noir*, n'avons-nous pas retrouvé, sous sa première forme romanesque, le tableau de notre diversité politique, avec d'autres couleurs peut-être, juxtaposées dans le pays comme elles le sont sur son drapeau, les blancs, les bleus, les rouges ?

Chaque couleur joue un rôle. Il va de soi que chacune des six idées que nous avons dénombrées ne peut être soutenue, défendue intégralement que si elle devient secte, donne lieu à des sectaires, ou, pour ne pas créer d'équivoque avec un terme péjoratif, des militants. L'âme d'un vieux pays ne peut s'exprimer que par un pluralisme d'idées, pluralisme d'idées dont un extrême péril peut faire, comme en 1914 (c'est la définition que Ribot donne de l'attention) un monoïdéisme momentané, mais qui, une fois dispersées les causes qui produisaient l'attention et la tension, revient à un polyidéisme normal.

Une seule de ces idées ne comporte pas de sectaires, est opposée par nature à l'état de secte : c'est le libéralisme. Le libéralisme tient dans une société d'idées moins la place que tient, que la place que devrait tenir la Genève du quai Wilson dans la société des nations. Tandis que chacune de ces idées se dresse de l'intérieur dans son exigence et son monopole, l'esprit libéral, nécessaire au critique politique, la prend et la comprend du dehors dans la société réelle qu'elle forme avec les autres. Une idée politique normale, puissante, tenace, est une nation spirituelle, de même qu'une nation est une idée historique, et il y a un impérialisme des idées comme il y a un impérialisme national.

Des idées politiques excluent le libéralisme, et, quand elles sont au pouvoir, le suppriment : c'est le cas du fascisme et du bolchevisme. Depuis la Terreur, et même dans les premières années du Second Empire, la France n'a jamais connu ces totales vacances du libéralisme. Aujourd'hui tout pays en est menacé. La France est en somme la seule grande nation continentale de l'Ancien Continent où se soient maintenues les conditions d'un libéralisme moyen. La dictature est devenue l'état normal de l'Europe et de l'Asie ; on y entre en sortant du pont de Kehl, on y demeure jusqu'au Pacifique.

Le critique politique est libéral par position. Mais ce libéralisme du critique comporte deux attitudes possibles.

Ou bien il militera pour le libéralisme, c'est-à-dire pour les conditions sociales qui rendent sa critique possible. Il le défendra contre ses ennemis. Il mettra hors la loi les idées politiques qui ne respectent pas la règle du jeu. Soit à l'intérieur soit à l'extérieur, il combattra les idées antilibérales et dictatoriales, dictature de l'État, ou dictature du prolétariat.

Ou bien il pratiquera un libéralisme intégral, qui ne demandera pas à être payé de retour. Il tiendra les systèmes dictatoriaux pour des idées de fait, qui s'expliquent peut-être par des nécessités, et devant lesquelles il y a une autre attitude possible que celle de la condamnation. Il remarquera que les dictatures ne sont apparues dans les nations de l'Europe qu'à partir d'un certain état de malheur, de désespoir, de crise révolutionnaire, qu'elles ne sont jamais le régime d'un peuple satisfait. Il craindra qu'un libéralisme militant, un libéralisme d'exportation, ne comporte un certain degré de pharisaïsme. Il notera qu'entre le pharisaïsme et le libéralisme (voyez Macaulay) il y a toujours eu en Angleterre une certaine affinité, et, plutôt encore que chez le voisin, il essaiera de discerner ces affinités dans sa conscience. Il connaîtra son libéralisme comme précaire, et sera au besoin libéral contre lui. Les idées antilibérales sont des idées comme les autres. N'oublions pas que les deux seules grandes nations libérales de l'Ancien Continent, la France et l'Angleterre, et les plus importantes des petites nations libérales, la Belgique et la Hollande, sont aussi les principales, et même (avec l'Italie) les seules nations coloniales, que leur libéralisme ne s'étend guère à leurs sujets coloniaux et que ce sont justement un écrivain français et un écrivain anglais qui ont créé Tartuffe et Pecksniff. Le libéralisme a toujours été une doctrine de propriétaires, dont les lumières font ménage avec l'aisance, Mais, comme dit le Corbeau de Leconte de Lisle :

Si vous n'aviez mangé de deux jours seulement
on verrait ce que vaut votre raisonnement.

Le premier libéralisme du critique est un libéralisme raisonnable, le second libéralisme du critique est un libéralisme hyperbolique. L'un et l'autre parti peuvent se défendre, et à chacun la sophistique fournirait des armes faciles pour réduire l'autre à l'absurde. À mes risques et périls j'opte pour le second, moins par dilettantisme que par modestie.

Dans la société des idées, ce libéralisme se résignera à ne fournir qu'un point de contact, un lieu de coexistence à des idées non seulement différentes, mais hostiles, ennemies. Son canot du lac Léman ressemble à celui du batelier qui a à passer le loup, la chèvre et le chou, et qui n'en peut passer qu'un à la fois. Il s'agit pour lui de ne pas laisser ensemble, de l'un ou de l'autre des deux côtés, les deux qui se dévoreraient. On sait qu'il y a un moyen...

~

Le libéralisme est un système de coexistences dans l'espace. Le traditionalisme est un système de continuité dans le temps. L'un et l'autre s'ils étaient dépourvus de l'esprit de fermeté et de dialogue, donneraient ses dimensions à une critique politique passive, miroir, reflet. L'un et l'autre impliquent en somme la même nature de passivité. Comme le libéralisme est une doctrine de propriétaire, soit une catégorie de possession dans l'espace, le traditionalisme est une doctrine d'héritier, soit une catégorie de possession dans la durée. Bourgeoises au premier chef, les deux idées politiques participent également à la crise et au discrédit des institutions bourgeoises. La timide figure qu'elles font aujourd'hui dans tous les Parlements, à commencer par le nôtre, révèle leur état de santé.

Comme le libéralisme dans la critique, dont il forme l'atmosphère naturelle, le traditionalisme garde sa place dans l'intelligence, dans les mœurs, dans la société, dans ce qu'on appelle la civilisation. Surtout, en un pays comme la France, il fait corps avec les valeurs qui donnent leur prix à la vie, avec la religion, le monde, la littérature. Le traditionalisme c'est la culture. Vidée de ses éléments je ne dis pas seulement traditionnels, mais traditionalistes, frappée dans sa nature d'héritage, dans la conscience et dans l'accumulation de sa durée, dans son épaisseur de mémoire, la France se sécherait comme une grappe vide.

« Il n'y a point d'Humanités modernes, dit Alain, par la même raison qui fait que coopération n'est point société. » Et qui fait que cette solidarité entre personnes contemporaines, d'où le radicalisme superficiel de Léon Bourgeois prétendait tirer le principe de l'éducation démocratique, n'a jamais mené, pour notre génération, qu'une existence assez dérisoire, dans les discours de distribution de prix et les inaugurations de monuments. Comme idée de culture elle a mal tenu devant le traditionalisme. Mais politiquement c'est elle qui a vaincu. Le traditionalisme lui, est gêné dans la catégorie du présent. Nous avons eu en Barrès et Maurras deux beaux génies traditionalistes. On leur doit deux pièces maîtresses de notre culture du XXe siècle : à Barrès sa construction de la continuité lorraine, à Maurras sa construction de la continuité monarchique. Barrès a donné une profondeur nouvelle au sol français, Maurras a enrichi le sens de la France et la notion de l'héritage français chez les Français. Or, ce bonheur ne les a pas suivis quand ils ont appréhendé la vie politique de la France dans son présent. Quelque chose était coincé, ne fonctionnait plus. Voici l'ombre de Chateaubriand ! Nos traditionalistes voudraient bien ne pas le recommencer. Barrès n'aimait pas du tout qu'on l'appelât M. de Chateaubriand. Et Maurras a commencé ses *Trois Idées Politiques* en exorcisant ce démon. Vain effort ! On songe à l'*Histoire Comique* d'Anatole France. Entre le traditionalisme français et le présent politique français, menés l'un vers l'autre par tant *d'amitiés* (le titre du livre de Barrès) il y a le fantôme, apparemment absurde, qui leur a crié : « Je vous défends d'être l'un à l'autre ! » Tout le monde a vu ce fantôme d'acteur lors de l'affaire Dreyfus. Des yeux perspicaces l'ont aperçu ailleurs à diverses occasions. Il vient de ce quartier général des fantômes : le château de Combourg...

Si le traditionalisme est le système des lettres, le libéralisme celui de l'intelligence compréhensive, que systématise l'industrialisme ? En principe, il représente la production. Si j'avais écrit mon livre dans le premier quart de siècle de la Troisième République, le chapitre sur la démocratie chrétienne n'y aurait sans doute pas figuré. En revanche, j'aurais dû dédoubler en industrialisme et en agrarisme le courant d'idées du productivisme. L'agrarisme, qui, de Bonald à Le Play, a fourni une belle carrière idéologique, qui, greffé sur le traditionalisme comme le pêcher sur le prunier, a donné dans les lettres un brugnon savoureux, et que décore aujourd'hui le talent d'un Pesquidoux, a cessé à peu près de comporter une expression d'idées. La féodalité agrarienne, encore très puissante dans l'ouest et ailleurs, ne recherche et n'exerce guère qu'un patronat local. Au contraire, pour les industriels obligés d'organiser leur production par groupes et cartels, ce n'est qu'un jeu d'organiser un cartel des idées de la production, de le pouvoir d'une pensée, d'une presse, d'une tribune.

L'industrialisme sera donc le système (au sens idéologique) de la production industrielle. Mais nous avons vu comment, ici, la grande idée saint-simonienne avait dû nécessairement se refroidir au fur et à mesure que le régime capitaliste s'étendait, et comment la richesse en biens de fortune allait de pair avec un appauvrissement intérieur. De sorte que par système industrialiste on entend à peu près, tout simplement, le système des affaires.

On remarquera que système des affaires ne signifie pas nécessairement système des hommes d'affaires. Dans la *Machine à Gloire* de

Villiers de l'Isle Adam, le bruit le plus cher, parmi ceux qui au théâtre sont vendus pour procurer un succès, c'est : *À bas la claque* ! Certain *À bas les affaires et les affairistes* ! se révélera toujours, pour un malin, d'un affairisme plus efficace qu'un *Vivent les affaires* ! Le radicalisme est un parti d'idées ; de là vient en partie sa force électorale. C'est justement pourquoi il y a parfois plus d'hommes d'affaires dans les cadres du parti radical (le parti socialiste n'est pas plus exempt) que dans les cadres du parti des affaires, de même que la marchandise « donnée » rapporte au marchand avisé plus d'argent que la marchandise « vendue ». Le journal qui s'appelle le *Radical* appartient à un entrepreneur, et un avocat d'affaires de gauche a plus de clients qu'un avocat d'affaires de droite. Quel qu'il soit, tout parti politique risque de s'alourdir d'« affaires » dans la mesure où s'étendra sa puissance parlementaire.

C'est pourquoi parti des affaires ne veut pas dire parti des hommes d'affaires. Encore moins parti d'idées ne signifie parti des hommes à idées...

Pour reprendre une image dont nous venons de nous servir, l'industrialisme, (ou si l'on veut le système d'affaires), ne vaut, ne porte fruit d'idées que s'il est greffé. Ce n'est pas un producteur direct. Une de ses réussites en France a été le colonialisme, soit la création d'un empire colonial dont le pays ne se souciait pas. Des groupes puissants, des hommes d'État favorables, des loges même, spécialement outillées, les alliances cléricales, une presse bien en main, tout ce qui a marché et marche encore, n'eussent pas suffi, si tout un idéalisme n'était venu mettre sa rallonge : gloire militaire, honneur du drapeau, revanche contre la perfide Albion, contraste républicain avec les abandons monarchiques, montés en épingle, de Louis XV, larges pays de couleur française, parfois désertiques, mais qui tenaient de la place sur les cartes murales et dans la carte morale, — greffe, en somme, des affaires sur le patriotisme. Quand les industriels de l'Italie du Nord ont subventionné le fascisme, quand l'industrie allemande a lancé l'hitlérisme, ce genre de greffe, qui s'était intercalé autrefois et de façon souvent bienfaisante dans la vie normale de la France, a pris un caractère révolutionnaire. Mais, normale ou révolutionnaire, les conséquences en sont toujours imprévues : le colonialisme marocain a inauguré la politique de partage au bout de laquelle il y avait la guerre mondiale, qui, même pour les industriels, ne fut pas précisément un bien ; le fascisme représente probablement pour arriver au socialisme, en Italie, une étape plus courte que ne l'aurait été la monarchie quasi-parlementaire ; et qui pourrait dire ici quoi que ce soit de l'avenir allemand ?

~

Traditionalisme, libéralisme, industrialisme fonctionnent plus ou moins à droite, ce qui ne veut pas dire qu'ils marchent vers la droite. On formulerait une nuance de ce genre sur la démocratie chrétienne en disant non qu'elle est à gauche ou qu'elle marche vers la gauche, mais qu'elle démarre vers la gauche.

Démarrage pénible. Pendant trop longtemps l'Église non seulement a été à droite, mais a été la droite. À un certain âge le changement est difficile. Et je reconnais que l'âge de l'Église, sa qualité de doyenne, lui procurent plus de force qu'elle n'entraîne de faiblesse, et que parmi ses forces figure celle d'adaptation, mais moins celle de rajeunissement, et moins encore celle de renversement, et absolument pas celle de révolution. Or il s'agit bien, et Lamennais ne s'y était pas trompé, non seulement d'une révolution dans l'Église, non seulement d'un accord entre l'Église et la Révolution (parfaitement normal puisque ce fut le cas du Concordat), mais d'une alliance entre l'Église et la Révolution, d'une fusion entre la justice selon la Révolution et la justice selon l'Église. Mais des deux côtés, tout y résiste. La France a opté pour la Révolution Française. Nous en revenons toujours au mot de Léon Bourgeois, qui éclaire plus que tout autre le spirituel politique français. « Vous êtes avec nous dans la République, vous êtes comme nous pour la République, c'est entendu. Êtes-vous avec nous et comme nous pour la Révolution ? » La Révolution tient l'homme pour naturellement bon : d'où l'école laïque. L'Église le tient pour naturellement mauvais. La Révolution pose le droit de l'homme à se gouverner dans une société égalitaire, l'Église son rôle et son devoir à gouverner dans une société inégale et hiérarchisée, et si le premier droit s'entend au temporel, le second au spirituel, l'expérience nous prouve qu'une endosmose pratique de ces deux sens est inévitable et ordinaire. La Révolution croit à la justice sur la terre, et son fleuve individualiste va de ce fait se jeter dans la mer socialiste. L'Église ne croit qu'à la justice d'en haut, et ne tient sur la terre la vie sociale pour bonne qu'en tant qu'elle contribue à la seule fin terrestre valable, le salut de l'âme individuelle. Dès lors, une alliance du christianisme et de la démocratie ne peut prendre que la forme d'un compromis : démocratie quoique christianisme, christianisme quoique démocratie. Je suis d'ailleurs persuadé que pratiquement *le quoique* vaut le *parce que*. L'Anglais a réussi sa vie politique et sociale aussi bien et même mieux que le Français, en mettant les compromis du quoique presque partout où le Français aime voir la logique du parce que. Certaine faiblesse idéologique de la démocratie chrétienne, qui la condamne un peu à l'oratoire, et la laisserait souvent flotter dans l'incertain, ne saurait l'empêcher de jouer sa partie dans la vie politique.

～

Restent à gauche les idées politiques qui occupent la gauche par position et destination, soit d'abord celles de la Révolution française, et particulièrement les jacobines, et ensuite les idées politiques qui trouvent dans la gauche un point de départ et un point d'embarquement, celles de la Révolution sociale.

Tout en reconnaissant qu'elles sont aujourd'hui comprises, servies et défendues par le parti radical, liées à la psychologie et aux destinées de ce parti, nous n'avons pas donné aux premières le nom d'idées radicales, parce qu'elles forment en réalité le patrimoine commun de tous les républicains, de tous ceux qui descendent des 363 du 16 mai. Si M. Tardieu a porté sur ses bras l'enfant scolaire des radicaux, les radicaux portent sur les leurs l'enfant scolaire des opportunistes, puisque le père des lois laïques fut leur adversaire Jules Ferry. Ni Clemenceau, ni Léon Bourgeois, ni aucun radical ne représentent plus authentiquement la Révolution que Poincaré, l'héritier direct des légistes du Comité de salut public, et Poincaré n'a jamais été radical. Mais le nom même du parti radical le délègue dans une République au ministère des idées. Le radical soutient radicalement et propose intégralement les idées de la Révolution. Le modéré est porté à en différer l'application, il estime qu'il « est urgent d'attendre » ou « il court s'abstenir ». Le radical représente ce que les théologiens appellent la thèse, le modéré ce qu'ils appellent l'hypothèse. Dès lors s'opère une sorte de division du travail, le radicalisme se trouvant préposé au spirituel républicain, l'aile républicaine qui s'est appelée tour à tour opportuniste, progressiste, républicaine de gauche, que sais-je ? se préposant volontiers au temporel, sous le contrôle spirituel du radicalisme. En des moments et à des points de vue différents, après le déclassement et le reclassement qui suivirent le Panama, Méline, Waldeck-Rousseau, Poincaré, pratiquèrent cette dernière politique. Un parti jouait le rôle de Marie, l'autre parti le rôle de Marthe. Mais dans l'Évangile c'est Marthe qui se plaint, tandis que dans la République les clameurs vinrent de Marie. Pendant vingt ans, de la chute de Combes jusqu'au 11 mai 1924, Marie vit son enfant porté sur les bras de sa sœur, sauf peut-être au temps du ministère Clemenceau, (et alors ce fut pire : car, sur la tunique du premier des flics, sous l'œil mephistophélique de Mandel, le marmot ne fit que crier.) Le ministère du 11 mai se termina selon le vieux rite et le vieux rythme, par le retour de Poincaré. Au moment où j'écris, on peut dire que les radicaux ont mis un quart de siècle à obtenir d'appliquer eux-mêmes les idées de la Révolution, à réaliser leur programme bien naturel : République radicale aux républicains radicaux. Quant à savoir si cela durera, c'est une autre affaire.

Au spirituel, il est hors de doute que les idées de la Révolution Française, représentées éminemment par le jacobinisme radical, par ce jacobinisme dans ses cadres qui semble avoir éliminé provisoirement le jacobinisme proconsulaire, et défalcation faite des fortes minorités plus ou moins contre-révolutionnaires qui représentent la « réaction », sont les idées du Français moyen. Elles le sont devenues par l'école, et la phrase consacrée sur l'école laïque, pierre angulaire de la République, reste fort juste sauf peut-être en ceci, que la pierre angulaire s'agite fort pour aller en haut du clocher porter le coq : d'où, le long du monument, des mouvements divers qui inquiètent l'architecte. Mais il faut remarquer que l'idée laïque n'a réussi que parce qu'elle travaillait dans le sens de voies déjà tracées ; que la force des idées de la Révolution est antérieure à la République, et que depuis 1830, elle avait déjà porté deux monarchies, celle des Orléans et celle des Bonaparte ; et qu'après tout la classe paysanne, soit la classe de la Révolution française consolidée, a été attachée également à la monarchie de Juillet, au Second Empire, à la Troisième République.

Cette identité actuelle des idées jacobines avec le sol et le sens français représente évidemment, pour elles, une garantie de santé. Elle représente aussi une faiblesse. Le Français moyen, parce qu'il est moyen, manque d'invention, et les idées jacobines, radicales, républicaines, manquent de force inventive. Le radical est un conformiste. Le conformisme du radical moyen dépasse peut-être encore le conformisme du Français moyen. J'ai déjà rappelé ce mot de Jules Grévy, qui, s'enquérant, dans sa visite officielle au Salon, de la qualité de l'exposition, reçut cette réponse : « Point d'œuvre extraordinaire, mais une bonne moyenne ! — Une bonne moyenne ! s'écria le chef de l'État, mais c'est ce qu'il faut dans une démocratie. »

Et cependant ces idées n'ont pas toujours fait corps avec le Français conformiste et moyen. Les idées de la Révolution sont en somme les idées du XVIIIe siècle, et l'on sait dans quelle explosion de liberté, d'audace et de génie elles sont nées de grands cerveaux et de riches sensibilités. Sous Louis-Philippe elles ne le cèdent pas en invention et en force à celles des catholiques et des socialistes. Et n'oublions pas qu'un Lamartine et un Victor Hugo ont été pour elles ce que fut Chateaubriand pour le traditionalisme. Les hommes d'État radicaux ont été et sont encore au moins aussi cultivés que les hommes d'État conservateurs. Tout cela accordé, on n'en garde pas moins le sentiment que de ce côté l'idéologie tourne un peu court, a besoin d'être relayée : l'esprit du Cartel sonne juste quand, les idées radicales demeurant selon le mot de M. Herriot, l'infanterie, cet esprit assigne le rôle cavalier d'aile marchante, dans l'idéologie républicaine, aux idées socialistes.

Le nom même de radical-socialiste indique que l'idéologie a besoin d'une rallonge sur la gauche. Et la rallonge comporte une part d'imagination, de liberté individuelle, d'utopie, qui ne doit pas être comprimée par les nécessités pratiques de l'application quotidienne et du pouvoir. C'est comme radical que Suret-Lefort entre aujourd'hui dans la politique, mais il n'arrive jamais qu'un jeune homme devienne radical par l'idéalisme naturel à son âge (je ne parle pas de l'idéalisme, souvent très vif, de vieux radicaux). Son idéalisme le fait, au contraire, volontiers royaliste, communiste, ou socialiste. Disons plutôt : ou même socialiste... Car la participation du socialisme au pouvoir (surtout municipal !) risque fort d'en amoindrir le prestige.

C'est pourtant le socialisme qui crée aujourd'hui dans la vie politique l'appel d'air des idées, des problèmes, des discussions. C'est par rapport au socialisme que s'établissent les positions. C'est sur le Parti que se règlent les partis. Il n'y a de culture politique quelque peu analogue a notre culture littéraire qu'à droite chez les théoriciens nationalistes, et à l'extrême gauche, sinon chez les socialistes, du moins parle socialisme. Mais comme les nationalistes sont écartés du pouvoir il manque à leur culture politique sa dimension pratique. Pareillement, comme les socialistes s'écartent de la littérature, il manque à leur culture politique sa dimension esthétique. On remarquera ici la différence entre Jaurès, qui avait socialisé sa culture, et les normaliens socialistes d'aujourd'hui, qui paraissent la porter à l'intérieur de leur éducation bourgeoise.

Dans la division du travail des partis, il nous a semblé que les problèmes de l'enseignement étaient plus particulièrement les problèmes radicaux, et que les problèmes de la paix étaient plus particulièrement les problèmes socialistes. Il est normal et il est probable qu'entre ces problèmes et ces partis une endosmose se produira, par la gauche du parti radical, soit par ce qui vient après le trait d'union de radical-socialiste. M. Pierre Cot qui représente cette gauche indique la ligne de cette évolution lorsqu'il écrit : « Nous rejetons le dogme de la Souveraineté Nationale parce que, jadis ce dogme garantissait notre indépendance, et qu'il n'est plus, dans le monde moderne, qu'une survivance dangereuse. » Aujourd'hui l'opinion de M. Cot n'est partagée que par une petite minorité radicale, ceux qu'on appelle les Bergericotistes. Il n'en est pas moins vrai que le problème *Société des Nations ou Souveraineté des Nations ?* est posé pour les radicaux et passionnera dans peu d'années leurs congrès. Mais l'abdication de la souveraineté nationale, par le parti de la Révolution Française, c'est une autre révolution...

Pareillement le problème de l'école, qui est par excellence le problème radical, deviendra nécessairement, par le jeu même du problème de la culture socialiste, un problème socialiste. Jaurès s'était déclaré partisan du monopole de l'enseignement, et cette solution garde évidemment la faveur du parti socialiste, d'abord à cause de son impérialisme naturel, et ensuite par tactique et sous l'influence des instituteurs, nombreux dans ses cadres. Le groupe parlementaire socialiste est, ne l'oublions pas, le délégué ordinaire, et presque la boîte aux lettres des syndicats de fonctionnaires, particulièrement du syndicat national des Instituteurs. Il y a une conception socialiste de l'école où le syndicalisme universitaire tient une place qui inquiète fort les radicaux jacobins. Mais il ne faut pas confondre l'école et la culture. La culture est liberté, l'école est discipline. La culture est individualiste, l'école est conformiste, l'école, toute école, est un système de conformisme. L'expérience d'un conformisme socialiste par le monopole et l'école unique et syndicatocratique, une éducation nationale (ou internationale) ressemblerait comme une troisième goutte d'eau à l'expérience fasciste et à l'expérience bolcheviste. La culture de chaque pays survivra-t-elle à chacune de ces expériences ? La culture de l'humanité survivra-t-elle à ces trois expériences conjuguées ? Nous n'en savons rien, puisqu'aucune n'a encore eu le temps de faire sa preuve de civilisation par une génération, comme la Révolution Française a fait sa preuve par la génération romantique. On relira, en attendant, le discours de Clemenceau sur la Liberté, au Sénat, le 17 novembre 1903, dans le Cahier que Péguy en a fait, que Péguy ne pouvait pas ne pas en faire : « Le monopole, c'est le dogme. Vous n'y échapperez pas... Quel concile — pardonnez-moi le mot — quel concile de pions sera chargé de donner la formule infaillible d'un jour ?... Pour ma part, je ne veux pas livrer l'esprit. » Concile de pions est dur... Stuart Mill et Auguste Comte ne l'étaient pas moins, qui parlaient de pédantocratie. République des professeurs est plus poli, mais c'est la même chose. Contre Charles Martin et Bouteiller, Barrès défendait tout de même quelque chose du génie de la culture.

Un pluralisme de conformismes reste, du point de vue de la liberté et du libéralisme, préférable à un conformisme monopoleur. La liberté pousserait encore dans leurs interstices, comme la giroflée entre deux pierres. Leur dialogue et leur contraste peuvent fournir un tonique à une civilisation. Et ce qui est vrai de la république de la jeunesse est vrai de la république des idées. Les six idées politiques que nous avons discernées sur le visage de la France, sont complémentaires. Elles constituent une République platonicienne d'idées, non d'idées immobiles, mais d'idées qui marchent, et qui croissent ou diminuent, et qui par ces mouvements contribuent à la vie d'un tout : idée de la liaison du présent avec le passé ; idée de la coexistence d'individus libres ; idée de la production par tout le travail actuel et acquis, de la planète à transformer par l'industrie et l'invention idée d'un mouvement social présent accordé aux disponibilités de l'héritage chrétien ; idée de la Révolution Française dans son principe et son mouvement ; idée de l'avenir social dans sa capacité illimitée de transformation et dans son maximum de différence avec le passé ; ces idées montent, se dessinent, s'éclairent, se groupent d'elles-mêmes pour élever sur la civilisation politique d'une époque le plafond que nos yeux cherchaient en commençant ce livre.

Également disponible